在水中触摸教育的本真

Touch the Essence of Education in Water

汤岚/著

苏州大学出版社
Soochow University Press

图书在版编目(CIP)数据

在水中触摸教育的本真 / 汤岚著. —苏州：苏州大学出版社，2016.12
　ISBN 978-7-5672-2019-5

　Ⅰ.①在… Ⅱ.①汤… Ⅲ.①小学教育－教育工作－文集 Ⅳ.①G62-53

中国版本图书馆 CIP 数据核字(2016)第 317340 号

在水中触摸教育的本真

汤　岚　著

责任编辑　刘一霖

苏州大学出版社出版发行
(地址：苏州市十梓街1号　邮编：215006)
虎彩印艺股份有限公司印装
(地址：东莞市虎门镇北栅陈村工业区　邮编：523898)

开本 700 mm×1 000 mm　1/16　印张 14　字数 209 千
2016 年 12 月第 1 版　2016 年 12 月第 1 次印刷
ISBN 978-7-5672-2019-5　定价：40.00 元

苏州大学版图书若有印装错误，本社负责调换
苏州大学出版社营销部　电话：0512-65225020
苏州大学出版社网址　http://www.sudapress.com

自 序

逝者如斯　万物生长

"逝者如斯夫,不舍昼夜。"孔子看着江河奔流不息,不由感慨,时间多么像流水啊。叹息是由一个平凡的生命和伟大的教育家发出的。我们都知道,孔子这是在借水和时间说人、说生命。因为生命在时间里,时间就是生命,所以孔子这句话其实是在感慨,生命多么像流水啊。

"上善若水。水善利万物而不争。"孔子曾经问道过的老子,看见水流润行的时候,则认为水的本性和行为特点是滋养万物,但又不竞不争。表面上,老子说的是没有生命的水,是事物和现象的善,实际却是在说有生命的人,是在表达自己对人性和生命行为的看法。

"沧浪之水清兮,可以濯吾缨;沧浪之水浊兮,可以濯吾足。"因为理想无法实现投水而亡的文学家屈原,个性鲜明而执着,也很明白水的不同面性。屈子知道,沧浪之水有时是清的,有时则是浊的;但不管是清是浊,都可以顺其自然之性,而于我有益。屈子也是在借水说人,而且也看到了生命和事物的多元性与两面性。

人的世界里,水和万物都是有性情的,甚至都是有生命的。有人说,这就是文明,就是文化。先贤们如此爱水、说水,难怪,如今那么多的人都在说文化是水、水是文化。

教育做的就是知识和文化的传承之事,是生命与生命间的相互影响之事,所以,教育如水、水一样的教育也就顺理成章地成了一种教育文化和文化教育的理念了。

苏州是水城、水乡,苏州人看惯了水的德行和模样。于是,苏州就有了水一样的人、水一样的文化。水是苏州之韵、苏州之魂。苏州有沧浪之水,有沧浪亭、沧浪新城,还有以沧浪命名的学校。于是,苏州有了水一样的教育,水是苏州教育的内涵、特色甚至精神。

要用水一样的文化在水城、水乡苏州做教育，需要认认真真地向大教育家和思想家们请教，并了解水的多样特性。

关于水，孔子还有更多对水性的精辟理解：

"夫水者，启子比德焉。遍予而无私，似德；所及者生，似仁；其流卑下，句倨皆循其理，似义；浅者流行，深者不测，似智；其赴百仞之谷不疑，似勇；绵弱而微达，似察；受恶不让，似包；蒙不清以入，鲜洁以出，似善化；至量必平，似正；盈不求概，似度；其万折必东，似意。是以君子见大水必观焉尔也。"这段话的意思是说，水能够启发人从事德行的修行。同样，孔子依然是在借水性说人性，说教育者需要观察、理解并顺应人性。他对我们这些后人说：做教育啊，需要真诚地、静心地通过对水的感受和体验，看见人自身的多面性和天然特性，因材施教，循序渐进，相观而善，循循善诱。

我向来以为，孔子、老子和屈子等先祖圣贤们关于水性、水情和水能的话语，是我们从事教育教学和学校管理工作极好的文化指南。如庄子的"丘山积卑以不高，江河合水而为大"、葛洪的"金以刚折，水以柔全"等对水的性情和行为方式的解读，都能启发我们逐渐对如水的文化和教育有所体验与领悟。

此外，明代苏州著名文学家冯梦龙的"木无本必枯，水无源必竭"，对我们理解教育和文化、教育和自然的关系，以及教育的源泉、方式、功效和特点等，也是一种极为有效的点醒。我深深地知道叶圣陶先生"教育是农业，不是工业"这句话的含义：教育就像种树栽花，需要肥和水，而我们身处其中的这方水土以及由这方水土孕育出来的文化，就是教育的肥水泉源。

教育的源泉在文化，文化的源泉在智慧，智慧的源泉在我们对自然和人性的理解、体验和领悟。当我们理解并顺应了人性的时候，就是教育如水、水如教育的时候；当教育如水、水如教育的时候，生命在延续和传承的过程中自然就拥有了智慧。

拥有了智慧，教育就有了不绝的创新源泉。

逝者如斯，万物生长。

目 录

管 理 篇
水之道　善利不争万物生

若水向善　清和致远 …………………………………… 003
　　我的校长故事

从一点一滴开始 ………………………………………… 007
　　建构优质教育的四点思考

引向善之水韵　养真美之校园 ………………………… 014
　　润泽教育实践的"四大主题"

上善若水　不争而向一 ………………………………… 019
　　融进水色、水韵和水文化的办学构想

用水的灵动滋养生命的智慧 …………………………… 024
　　"同伴互助"主题式校本研修

师水之道：笃志践行，深宽清亮 ……………………… 031
　　关于苏式教师成长的思考

水生慧心智者乐 ………………………………………… 036
　　文化视野中的师德师风建设

无"界"校园和有"情"家园 …………………………… 039
　　挖掘学校资源面向社会开放初探

一小点和无数点……………………………………………… 043
　　构筑家长满意的信息化校园
挂职手记………………………………………………………… 046
　　挂职手记之一　建构优质课程体系的联想……………… 046
　　挂职手记之二　我的学校品牌之梦……………………… 048
　　挂职手记之三　他山之石　借镜姑苏…………………… 049
　　挂职手记之四　校本研修"三合一"……………………… 052
　　挂职手记之五　走进名校的遐想………………………… 053
　　挂职手记之六　体育教学的文化寻根…………………… 054
　　挂职手记之七　一根动心的棒棒糖……………………… 056
　　挂职手记之八　难忘的学生……………………………… 057
　　挂职手记之九　理想的老师……………………………… 058
　　挂职手记之十　打开教育之门…………………………… 060
　　挂职手记之十一　素衣金陵道的随想…………………… 061
　　挂职手记之十二　邂逅一段醇美的时光………………… 063

教　学　篇
水之韵　低就高来真性在

文化传统和传统文化…………………………………………… 071
　　水韵课程与教学变革初探
构建更多更开放的评价策略…………………………………… 078
　　新课程理念的作文评价解读

在方法和规范中学会主动习得…………………………………082
  对2011版课标识字写字教学的解读

书山有路"趣"为径……………………………………………086
  从常规教育入手解析语文教育策略

循序渐进 勤于训练…………………………………………089
  小学语文阅读教学概括能力的培养刍议

用童心感悟真情…………………………………………………096
  小学生诗性阅读的可能与实践

用心 用情 多元 实践………………………………100
  探寻解读文本正确价值观的路径

自由交流 自主合作 自然实践…………………………109
  放飞理想的语文课堂教学

自主 合作 探究………………………………………114
  论阅读教学中学生主体性的体现

觉知自我的一面镜子……………………………………………118
  从心理视角谈日记教育

以人为镜 照见自己…………………………………………122
  与名师上同题课《我应该感到自豪才对》

姿态低了 课堂活了 境界高了…………………………126
  听《世界多美呀》后对低年段语文课堂的观察及思考

注重感悟 引导迁移…………………………………………132
  从《云雀的心愿》一课反思有效课堂

借教材 重生成 促素养…………………………………134
  以《梅兰芳学艺》第一课时为范式

文化继承视野下的语文课堂教学内容选择……………………140

教案篇
水之味　慧心向善智者乐

《赶海》教案 …………………………………………………… 149

《猴子种果树》教案 …………………………………………… 154

《军神》教案 …………………………………………………… 160

《梅花魂》教案 ………………………………………………… 165

《美丽的丹顶鹤》教案 ………………………………………… 168

《彭德怀和他的大黑骡子》教案

　　（第二课时）……………………………………………… 174

《青蛙看海》教案 ……………………………………………… 179

《三个小伙伴》教案 …………………………………………… 183

《我应该感到自豪才对》教案 ………………………………… 189

《乡下孩子》教案 ……………………………………………… 192

《咏华山》教案

　　（第一课时）……………………………………………… 198

独体字(二)

　　取中和偏斜结构的独体字 ……………………………… 202

　日记活动课教案及分析 ………………………………………… 206

附　录　流淌着的智慧
　　记苏州市沧浪新城第二实验小学汤岚校长……………… 210

管理篇

水之道　善利不争万物生

若水向善　清和致远
我的校长故事

2008年之前的我,从师范学校毕业,从事小学语文教学,做了十六年班主任,先后担任德育教导助理、分管小学科的副教导、分管语文的教导、教导主任和副校长等职,历经铁路附小、平直实小和沧浪实小三所名师辈出的老校。从2008年12月4日起,我到沧浪新城筹建一所新校。也是从那时候开始,我和沧浪新城第二实验小学(简称"沧浪新城二小")有了相依相伴的七年。

一段旅程　留在心里的三个故事

笔记本的故事

2009年9月,新校要正式开学了。10个月以来,我把每一天都记在了从沧浪实小带来的这本笔记本上。完成土建验收,装修设备采购,学生招生,教师培训……其中笔墨留得最多的还是我的校长学习心得。在《民国三大校长》一书中,我知道了北大蔡元培校长的包容、清华梅贻琦校长的本真和南开张伯苓校长的求实。在苏中、十中,我感受到的是深厚文化积淀下的名校风采;踏遍苏州、上海所有新建学校,扑面而来的是新校浓郁的现代化气息。走进名师引领的小学,学校的研究氛围、特色建设等传递给我的信息是:孩子慢慢长大,终究要走向自己的未来、拥抱自己的梦想。我意识到:我站在孩子们梦开始的地方,我要办拥有儿童气质、能引领儿童实现梦想的学校。

沧浪新城二小坐落在沧浪新城南端,毗邻古运河,遥望沧浪古城。这所学校应该写意水韵,这所学校应该凸现文化。沧浪之水以她丰富的文化内涵滋润着一代代的"沧浪"子民,又以自己浓郁的文化底蕴培育着新世纪苏州人的品性。文化需要传承,文化更需要发展,沧浪新城二小必须更多地凸现苏州文化元素,发展苏州城市精神,张扬崭新的水文化。

于是,在笔记本的第一页,我端端正正写下了以下内容:

办学目标:追求真实的生命成长。

教育理念:一小点,一大点;一点点,无数点。

办学理念:以水的灵动滋养生命,以水的波澜汇聚智慧,以水的宽厚沉淀德行,着力在教育、教学中塑造学生智慧、纯洁、宽容、灵动、博大的人格品性,倾力打造润泽生命的"水韵校园"。

水世界和我们的故事

《水世界和我们的故事》是我们学校的校本教材,又是我们学校的微电影,也是七年建校印记。

有了水文化建设的共同愿景,我们以管理文化、教师文化、学生文化和课程文化为抓手,开展了一系列的活动。管理文化中留下的是一个个珍贵的镜头:第一次来报到的孩子,第一次升国旗仪式,第一次新生培训……我们把六年的若干第一个镜头刻录在光盘中,这是给孩子们的毕业礼物。去影响每一个沧浪新城二小人,这是文化的坚守,也是水的纯粹;教师"60后""70后""80后""90后"分层文化素养系列活动,让沧浪新城二小的教师沉淀出如水般的深度、厚度、宽度和纯度;我们的教师努力让所有的孩子享受校园中美丽的童年,为孩子提供最多的可能,让沧浪新城二小每一位学子成就最好的自己。

在水世界里,我们有了自己的课程体系:

- 致远课程 (综合实践课程群)

按照不同年龄的特点,设置不同的科目,并赋予学生合理而充分的课程自主权。孩子们可以自由选择自己喜欢的绘画、舞蹈、手工、合唱、机器人建构等课程。

- 向善课程 (水文化课程群、苏州文化课程群)

向善课程包含方言、评弹、昆曲、园林搭建等课程。

- 清和课程 (教师研修课程群)

- 固源课程 （中国文化课程群、国家基础课程群）

固源课程包含戏曲、小说、国学经典、茶道、烹饪等课程,让孩子们浸润其中,感受经典。

在这里想重点介绍一下国家基础课程的课堂。学校用自己的方式来贯彻、执行,做真水无香、德润有声的课堂。我们提出教孩子受用一生的技能,第一要义是学习情感,第二要义是基础知识和基本技能,第三要义是自学方法和自学能力。学校各团队校本研修的基本原则:精在全程设计,实在课例研修,重在后续跟进,贵在资源建设。

我们努力形成教师学科素养发展的四个层次:能教好基础的教师,能教会学生思考的教师,能教出学科品位的教师,能教出学科境界的教师。

看着教师们的微电影,真是快乐。在我校教材的全省推广活动中,小水滴也折射出了耀眼的光芒。建校后的第一个省级课题结题,获省级成果二等奖;一师一优课,入选教育部优课;孩子们在运动场上、剧院舞台上、科技创新活动中纷纷崭露头角。这些成绩让行进着的二小人的步伐越发坚定和从容。

若水学堂的故事

沧浪新城二小跨入第七年,我们加入了苏州德善书院,有了若水学堂。在每一个苏州传统佳节,各个学堂的家长、孩子会自主选择齐聚人民路的德善书院,进行亲子活动;学堂每学期都可以丰富自己的课程,通过德善书院提供的专家以及资源选用,为学校服务。学校将致力于水文化系列课程下开展国学经典及传统文化艺术的教育传播,向社区辐射、向兄弟学校辐射,着力于提升市民传统文化素养,营造城市人文氛围。这也标志着二小学校文化的辐射和教学资源的整合。小学校办大教育。我们拥有了这样的视野,无界校园在二小生根。

学堂的故事才刚刚开始,孩子们在二小能得到多元化发展,必定会有更多的舞台。

七年的旅途，让我们这所学校有了一路的风景和三个珍藏的故事，让我们坚定了脚步。沧浪新城二小人面对教育，心中最高的是儿童利益。沧浪新城二小人面对教学，眼里的课程、课堂、教学始终神圣。甘于平凡、追求成功、向往卓越是沧浪新城二小教师们成长的三重境界。

　　做真实的自己，办自己的学校，如一泓清水，执着前行。我听到了心中流淌的水声，还有无数水滴欢快的笑声！

从一点一滴开始

建构优质教育的四点思考

"问渠那得清如许?"这是怎样的水?这是清冽怡人的"沧浪之水",带着温热的传统文化;这是有点甜的"农夫山泉",带着迷人的乡土气息。沧浪新城第二实验小学就是那一泓有着无比丰润内涵的"沧浪之水",就是那一眼有着无尽温馨的"农夫山泉"。沧浪新城第二实验小学(简称"沧浪新城二小")一经创办就以"素质教育"为基调,力求从学生的实际出发,为学生的人生奠基,主张优化教育方法,倡导高效学法,坚持多元教学评价,建构最佳的教育资源共享系统。正因为能立定"素质教育"的"脚跟",所以沧浪新城二小才能如此近乎完满地阐释着"优质教育"的理念。

一、从一点开始,为人生奠基

"从一点开始,为人生奠基",这是沧浪新城二小的教师一直恪守的教学方法整合的理念。学生的进步是从一点一滴开始的。关注学生的细节,让孩子在学习的细节中获得成功,让孩子在校园里爱上知识、爱上学习、爱上科学探求,教育中一切的困难都会在这时候显得并不重要。最优化的教学方法整合不是从宏大的叙事开始的,沧浪新城二小的教师总是能够抓住学生一点点的进步,扬起他们的求知风帆,鼓励他们向浩瀚的知识彼岸航行。

英语学习对于一个一年级的孩子来说不免有些枯燥,然而,沧浪新城二小一年级学生的英语学习有着另外一种景象:

What is that?

It's a cow.

It has milk.

For you and me.

"你知道吗？我家的孩子会用英语编小儿歌了。""我女儿也会。Peach Peach,I love you,One for daddy,One for mummy."沧浪新城二小一年级的家长们互相交流着。

为了让孩子们把英语学得更轻松、更灵活,沧浪新城二小的英语教师们动足脑筋,根据一年级学生的年龄特点来设计教学。在英语课堂上看不到学生死记硬背的场景,孩子们在教师的带领下一会儿做着英语操,一会儿进行英语动画配音 PK 赛。学生们活学活用,在活动、创造中学习,自编儿歌表演就是其中的一种。尽管一年级小朋友的英语的词汇量不是很丰富,但是在教师的引导下,他们已经能够用有限的语言来表达自己的想法,享受英语学习的乐趣了。从一点开始,从一点点的学习成功的喜悦开始,学生在这样的教学方法中获得了学习知识的快乐。

从一点开始、从细节开始关注学生的学习,是沧浪新城二小教师在教学方法整合上追求优质教育的重要原则。往往一个对话就能像"农夫山泉"一样甜,这就是优质教育的理念。

今天课堂上,小楷又没有专心听讲。课后我给他讲了一个耳朵会生气逃跑的故事。我告诉他:"耳朵本来很想'听话',可是你经常不用它们来听,再这样下去,它们就会生气逃跑,那你就永远听不到声音了。"只见小楷半信半疑,我便接着说:"不信,摸摸你的耳朵还有没有。"天真的他很担心地伸出双手抓住了自己的耳朵。我忍不住笑了,问:"你的耳朵还有吗?"他高兴地说:"有!"我又对他说:"你的这两只小耳朵告诉我,这次它们原谅你,可没有下次哦。"他听了又偷偷地摸摸耳朵。之后,他上课坐得非常端正,两只耳朵像竖了起来,听讲认真多了。

往往一个轻声的提醒也如"农夫山泉"一样甜,这比严厉的教育更加有效,这也是优质教育的理念。

下课了,欢快的人群中突然传出了不和谐的声音:"快走,快走,别挡我的路!"一瞧,又是他!我亲切地拉起他的手,说:"走,我带你看看别的同学是怎么活动的。"一路上,在我的指引下,他悉心观察着三三两两游戏的同学:秩序井然,不跑不闹,偶尔发生碰撞也一笑化之。此时,他眼里露出了惭愧之情,说:"老师,我再也不跑了,也不推别的小朋友了。"果然,从这次教育以后,每天告状的人越来越少了。我也真正感受到,对于行为有所偏差的学生,要多一点教育、少一点责备,用温和的力量去感化他们。

往往一个温暖的帮助也似"农夫山泉"一样甜。教育方法中除了讲授道理之外更为重要的是学习帮助。学习上一个温暖的帮助往往比讲十遍道理还要有效,这也是优质教育的理念。

大家都开始写作业了。我抬头望去,只见有一张桌子上乱七八糟的,椅子也歪着,安静的教室里只有他还跷着两只脚玩着橡皮屑。我轻轻地走到他身边,让他站起来,给他挪正了桌子,放好了椅子,再让他坐下来。他看了看周围,意识到了什么,开始找出作业本写字。一个"好"字,他怎么也写不对。我弯下腰指着语文书上的生字说:"别着急,先把这个字看清楚。"他凑近仔细看了看,接着在本子上又写了一遍。这次字写对了,可写得实在难看。他看了看我,歪着头,对这个字也不满意。"老师愿意帮助你,但请你先坐端正了。"他立刻把脚放了下来,背挺了起来。我握着他的手写了一遍,他看得很认真。"会了吗?"他用力点了点头。"接下来的字你来写,写得好写得认真,老师会继续帮助你。"他点了点头,一笔一画地写起了作业。

二、从生活出发,打开校园的窗户

"从生活出发,打开校园的窗户",这是沧浪新城二小的学生在学习方法上的追求。校园就是社会,学习就是生活。让孩子们从温热的语言开始学习,用温暖的情感点燃学习的激情,最终让孩子们去热爱那五彩缤纷的生活,热爱那绚烂美丽的世界。

在课程改革推进的过程中,我们谈论最多的话题就是"教师的专业发展"。课改使教师的教学方式和学生的学习方式都有了较大的变化。如何在教育、教学活动中有效地开发学生的潜能,让不同水平的学生在原有的基础上有明显的发展呢?我用自己创设的"三线并进"式语文教学法,引领着学校的语文教师一点点思考、一次次实践、一遍遍反思、一步步前行。教师们一起细致研读文本,努力用凝练而丰富的语言开展有效教学,在细节之处融合情感,使学生们能在一方宽松、自由的天地中学习语文,体验生活中的那些"活泼"的语文,去收获心与心的交流、情与情的融合。尤其是对一年级的学生来说,这样的引导式教法使得他们基本形成了自己的学习方法。"三线并进"式语文教学法更似三泓清泉,成了学生们的学习方法,滋润着那些天真烂漫的孩子,让他们回味无穷。

从生活出发,让孩子们在学习中靠近生活、靠近自然,这也是一种优质教育的理念。

眼尖的孩子们发现草坪的叶尖上有一颗颗晶莹剔透的水珠,然后纷纷俯身去触摸那嫩生生的小芽,用指尖轻轻地触碰那圆滚的水珠。一个小女孩伸出湿润的手指着急地朝我喊:"老师,你瞧!小草好像流泪了!"我攥着她的手告诉她:"小草的生长预示着春天来了,它为了庆祝自己新生,所以才情不自禁流下激动的泪。"一旁的小男孩忍不住接着说:"我知道,我知道,小草的眼泪还有一个名字叫露珠!"看着他们欢快的眉眼,我们其实要感谢大自然。它能酿造出这样如钻石般闪亮的露珠,带着孩子们在快乐中领会知识。

校园学习不能仅仅关注书本,沧浪新城二小的学生们早就打开了校园的"窗户",这是一种优质教育所倡导的学习方法。

"低碳",这个成人都觉得新鲜的词语,对我们沧浪新城二小的小朋友们来说可一点儿也不陌生。在他们入学之初,学校就进行了以"低碳生活"为主题的教育,平时在教学活动中也渗透了"低碳"教育。如今,低碳已内化为他们的行为习惯,在校园里随时都能看到小朋友们随手关灯、节约用水的行为。

如果你以为小朋友们的低碳行为仅仅停留在随手关灯、节约用水的阶段,那你就错了。别看他们人小,可是有大智慧。来看看他们的低碳行动吧:拒绝尾气,步行上学;节约纸张,A4变本本;科技创新,变废为宝;宣传环保,改用手帕;净化空气,种植花草……

低碳生活是什么?对我们的小朋友来说,低碳生活就是一种态度、一份责任以及更多的发现。个人的力量是有限的,但我们沧浪新城二小的师生们希望通过自己的低碳行动来证明:一点点就可以汇聚成无数点。为自己、为他人、为地球,我们都要做"低碳一族"!

三、从学生开始,点亮心灵的明灯

学生也是教育评价的主体。让学生通过从自己开始的教育评价点燃心灵的明灯。教育评价不再是教师的简单表扬和粗暴批评,而是有效地展开学习生活的动力,这是优质教育的评价理念。沧浪新城二小正是坚持从学生自我意识开始评价学习过程的代表。在这里,简单的对错不再是教育评价的表征。

在孩子们的心里,教师笔下的小红钩钩是对自己学习的一种无声的肯定。但试想,在教学中巧用红叉叉是不是也能收到意想不到的教学效果呢?

不久前在一堂"认识人民币"的数学课上,孩子们正进行取钱游戏。一只只小手捏着人民币高高举起,情绪特别高涨。当电脑指令取"2角"时,数学王老师看到孙铭扬小朋友拿的是一张"5角"的人民币。王老师走上前去请他出示手上的人民币,一时间屏幕上立即出现了一个大红"×",还伴随着警报声。孩子的脸唰地红了。看得出孩子有点受惊吓了。王老师立即上前抚摸他的头,温柔地对他说:"别急,再想想,老师相信你能把它找出来。"孩子在思考片刻之后终于又重新举起一张人民币,顿时屏幕上的红"×"被击得粉碎,取而代之的是一张甜甜的笑脸,孩子的脸上再次露出灿烂的笑容。课后第二天,王老师有意识地又让这个孩子去找"2角",小家伙用极迅速的动作准确地找到了"2角",还极自信地说:"王老师,现在我一眼就能认出'2角'来!"王老师赞许地夸他:"恩,看来那个红'×'的作用还真大呢!""这是一个美丽的红'×'!"孩子抛下这句话就跳着跑出去玩耍了。

在教学中,教师们应该抱着一种允许孩子犯错的宽容心态,让孩子尝试一点失败、感受一点挫折,让孩子在不断犯错中得到提高。所谓"吃一堑,长一智",就是这个道理吧!

有时学生的互相帮助会比简单的教育更具有教育评价的功能。这种来自学生自发的互助会产生意想不到的效果,因为这时候的评价主体是学生自己。

下课了,热闹的教室里,同学们三三两两聚在一起,脸上的笑容在阳光下熠熠生辉。角落里的小华引起了教师的注意。看他默默地坐在座位上看着窗外,教师想起了之前接到的那条短信:"老师您好,这两天小华情绪有点低落,他说不想和同学一起玩……"

下午的活动课上,教师让同学们分组做游戏,请他们说出自己最想选择的伙伴。当几个同学都不约而同地说到小华的名字时,教师注意到了小华眼中闪过的光芒。

一切按照预想进行着。操场上,不时传来孩子们嬉戏的欢声笑语,其中不乏属于小华的。回想起课前与几个孩子的"悄悄话",一抹笑意泛上了教师的脸庞。

又是欢乐的课间十分钟,教室的一隅,此刻洒满了阳光。

四、从校园开始,一切为了学生

"从校园开始,一切为了学生",这是沧浪新城二小在构建最佳教育资源共享系统时的理念,将校园一切的教育资源放在一个"优质教育"的理念中进行整合。为了学生的全面发展,为了"素质教育"的"立人"主旨,沧浪新城二小开展了许多学生无比喜欢的兴趣活动。学习在这样的教育资源共享中提供了快乐,满足了学生的好奇心;学生在这样的教育资源共享中享受到了优质的教育。

"你上什么课?我要去……"几个孩子聚在一堆,两眼放光地说着什么。他们可不是在讲什么悄悄话,而是在商量每周二、四下午2:30参加什么校级兴趣活动呢。开学初,孩子们收到了一份特殊的红包——兴趣小组菜单,里面有十几个校级兴趣活动项目供他们自由选择,即"我的兴趣我做主"。

你们看,心思细腻的孩子在绣坊里飞针走线;生性文静的孩子在书法教室里感受古典文化的博大精深;心灵手巧的孩子将一把剪刀"指挥"得服服帖帖,一个个栩栩如生的剪纸作品让人叹服;善于思考的孩子在棋苑里沉稳对弈,一起一落,颇有几分架势;活泼好动的孩子则在运动场上一较高低,你一个冲吊,我一个扣杀,还真是难分高下;陶艺、机器人更是吸引了众多喜欢创新的孩子,孩子们的兴奋之情溢于言表。

此外,美术、音乐、智力游戏、看图说话等课程的教室都是座无虚席,孩子们在这里与快乐为伴。

灵动的每周二、四下午2:30,孩子们在这广阔的、自由的发展空间中,按照自己身心发展的规律,和谐地、个性飞扬地健康成长!

在"阳光一小时计划"中,孩子们不仅在上学的时间里,在所有的节假日也可以来学校进行"阳光一小时"活动。学生来,家长也来,社区的成员更可以来。沧浪新城二小化身为整个社区的文化、体育、健康生活的中心。假期里、双休日、放学后,走进沧浪新城二小宽敞的体育馆,篮球、羽毛球、乒乓球的场地上跳动着孩子和家长们欢乐的身影。阳光的心情、快乐的童年,就在这60分钟内尽情挥洒着。家长在这里似乎找回了童年,这个童年是在沧浪新城二小的校园里,和自己的孩子共同的童年。

沧浪新城二小就像那一泓纯净的"沧浪之水",因为她的纯净,所以她是"优质"的;沧浪新城二小就像那一眼朴素的"农夫山泉",因为她的朴素,所以她是"优质"的。"问渠那得清如许?为有源头活水来。"这"活水"就是素质教育的理念,这"活水"就是"优质教育"的主张,这"活水"就是全体沧浪新城二小人的教育理想!

引向善之水韵　养真美之校园
润泽教育实践的"四大主题"

沧浪新城第二实验小学自开办以来,以"起步、发展、创新"为流程主线,以"以水的灵动滋养生命,以水的波澜汇聚智慧,以水的宽厚沉淀德性"为办学理念,着力在教育、教学中塑造学生智慧、纯洁、宽容、灵动、博大的人格品性。灵动而丰裕的"水文化"润泽教育将成为学校特色发展的名片。

一、滴水藏海,根植文化校园

从办学之初,我们就在头脑中勾勒并渐渐明晰:承托水的张力,建构一个生态的、绿色的、富有生命力的校园体系,让生活在这里的师生都能从点滴的映射中感受生命的成长轨迹。而实现这一切的首要条件就是要将这种文化的概念可视化。

1. 形在外而止于水

办学和筑家我们追求的是水的格调,引"水"入校,引"水"育人,形成了"四大水文化名人园"和"二十四个专技功能教室"。

在接下来的学校发展中,我们将在原有"八大共享拓展空间"的基础上增加英语空间、个性舞台、阅读共享等拓展空间,突出"缤纷天地 乐活校园"的鲜明主题。在进一步丰富"十二个主题活动场馆"的同时,我们将增设校园交通网络、心理释放区、乐队驿站,并结合读书节、科技节、艺术节以及校园体育心理节,"释放活力,全面发展,感受竞争,直面成败"。在学校的不断发展中,我们力求让每一处环境建设都与"沧浪之水"一脉相承,每一处地方都带着水的印记,构建诗意的、具有个性品位的特色文化校园。

2. 丰于内而溶于水

当然,环境体现着文化,但文化绝不止驻足于环境。学校的持久生命力,落到实处就是日常的教育、教学管理文化和艺术。

我们引导各班围绕学校水文化特色,创设个性的原生态班级文化。我们初步形成了学生善能文化,主抓"人本、有序"的班级建设。接下来我们将通过精细管理、规范制度来缩短班级的初建周期,各个班级力求做到班级环境特色化、班级管理人文化、班级常规精细化、班级博客信息化,让不同的孩子得到不同的发展,让每一滴小水滴都能折射出闪亮的光芒,以人本教育实现全面发展。

二、返璞归真,追求品质校园

1. 上善若水,唱响心底的旋律

我们的校训:上善若水,创造第一。"上善若水"的德行是沧浪新城二小人未来人生行走的"支撑"。纯正的德行是一生的财富。无论明天我是什么样子,今天我都会做到最好,时刻创造生命的"第一"。一次次的"第一"是一次次的生命的成长。

我们要办有精神的教育,办真实的生命的教育,办一个个生命个体成长的教育!如果说"上善若水"是植根于"沧浪"的传统文化,那么"创造第一"就是"沧浪"的时代气息。

2. 清淡如茶,追求本真的境界

教育管理者当有教育梦想和济世情怀,我们要以这样的道德管理文化理念引领学校发展,以"管理善治文化,教师善仁文化,学生善能文化,课程善渊文化"四条路径为走向,因势利导,润物无声,实现"学有优教"的跨越。

学校是一个多层面、多要素的复合体系。我们每年将实施不同层面的"60后""70后""80后""90后"系列文化素养打造,以"晒晒独门功夫""做相互取暖的刺猬""校园最美风景"等活动为载体,使每一个个体、要素凝聚为一个组织,亲和为一个集体,营造教工共同的精神家园,实现学校价值观的整合。这是真诚得像水一样纯粹、清淡如茶一样的交往。

下学期开始,我们将以"水澜语汇"为载体,实施教师读书会"五年阅读计划",分"教育必读书计划""教师拓展性阅读计划""教师读书报告计划""网络阅读平台计划"四个模块,每个模块分"我读我思""聆听体会""思考交流"三个小项。我们希望通过阅读浸润教师,让阅读成为实现教师发展的首要环节。

三、敬畏生命,守护健康校园

1. 在"绿色"中呼吸

在美丽如画的绿色校园中,接下来学校将着力打造无界校园,使孩子、家长、教师和谐地、顺乎自然地交流和学习,实现课内、课外的无缝对接,促进校园人际的无界沟通。

幸福家园的构建则让孩子们在兴趣的海洋里尽情遨游、放飞理想,在洒满阳光的操场上自由驰骋、锻炼体魄。

我们还将进一步推动教师间的合作、分享,消除职业倦怠,提升教师的职业认同感和幸福感。

在轻松的活动氛围中,一切静静地流淌,自然质朴、平静和谐。

2. 在"护航"中扬帆

安全健康工程建起学校的守护屏障。学校将通过校舍安全制度,增设周界安保制度;着重加强食堂卫生检查制度、学校网站安全管理制度等;还将组织义工妈妈队,加强社区资源的利用率以及家长对学校的监管。

四、以人为本,锻造幸福校园

1. 真水无香、德润有声的课堂

课堂究竟要教什么?

——"对学生有用的"。第一要义是学习情感和学习态度,第二要义是基础知识和基本技能,第三要义是自学方法和自学能力。

教师要具备什么?

——有水般的深度,在提升文化素养的同时寻找新的教育观。有水般的宽度,在形成全新角色观念的同时形成积极的职业发展意识。有水般的清澈,在学会执行的同时讲求实效。有水般的亮度,在自身发展的同时折射学生的发展。

校本团队研修的目标是什么？

——每位教师具有高专业品格，每位教师具有高教学能力，每位教师具有高合作精神。

校本团队不断研究什么？

——聚焦沧浪新城二小真水无香的润泽教育的研究。

——聚焦沧浪新城二小各学科润泽教育教学策略的研究。

——聚焦沧浪新城二小在2011版新课标下教师专业标准和专业发展的研究。

——聚焦沧浪新城二小团队建设，探索高质量团队研修的创新模式。

——聚焦沧浪新城二小资源建设的研究。

我们校本团队研修的最终目标——崇尚自然、开放、智慧、灵动的校本研修模式，以海纳百川的姿态吸收、融合利于教师成长的一切因素。关注教学过程的细节，关注教师的点滴进步，从"一小点"的工作状态的变更到"一大点"的人生行走方式的变化，从"一点点"的快乐愉悦到"无数点"的灿烂岁月。

我们校本团队研修的基本原则——精在全程设计，实在课例研修，重在后续跟进，贵在资源建设。其核心所在是教学理念。

在接下来的教学实践中，我们将努力形成教师学科素养发展的四个层次——能教好基础的教师，能教会学生思考的教师，能教出学科品位的教师，能教出学科境界的教师（有课感，有学生缘，善于反思，能不断创新）。

我们团队校本研修的主题——"阅读经典""有效备课""有效上课""有效作业""有效命题"。

在以上主题研修以六年为一个基本循环不断夯实的基础上，我们对长远的设想：将深入研究评价和课堂的衔接，在上学期学科单项摸底调研的基础上，推进有效分层教育，跟踪数据检测，有效地监控、推动课堂的有效性和针对性。将增设名师会诊、互动研修以及双师同堂、学科自学导修等模式，推动课堂教学减负增效，实现学生多元、个性的评价体验。将推动优势学科的发展，优先形成水的理念下的学科教学策略,并辐射其他学科。

2. 灵活丰实、多元培育的课程

学校推崇水韵育人、润泽无声,构建特色课程体系。以"专业化""精品化"为目标,大力发展学生社团活动——"向善"课程、"若水"课程、"清和"课程、"致远"课程,通过深广的拓展课程开发多元智能的发展优势,让每一个孩子更优秀。强调发展学校之特色,着重"优异个性的培育"。安排延伸课程,规划多元多样的才艺兴趣小组,提供多元智能的发展机会,并发掘学生的优势智慧,以带动长远能力的发展。

我校将继续推行"灵动两点半"和"阳光一小时"计划,在假期开放校园,学生可以进入图书馆、体育馆、种植园、心悦园等场地进行活动,使优质教育资源得到充分利用,争取获得社会各界的广泛好评。

灵动而丰裕的"水文化"润泽教育伴随着学生成长的脚步。几年来的坚持和创新使学校走出了一条特色发展之路。我们期望沧浪新城二小能日渐成为区域教育的新亮点,能折射出文化沧浪之涵养与积淀,能彰显现代教育的独特魅力。

上善若水　不争而向一

融进水色、水韵和水文化的办学构想

沧浪新城二小坐落在沧浪新城南端,毗邻古运河,遥望沧浪古城。在这里古代文化与现代文明交汇,传统精神与当代发展共生。"上善若水,创造第一",这一切的时代际会赋予了这所新学校——沧浪新城二小新的使命。

一、总体构想

1. 这所学校应该写意水韵

姑苏区因"沧浪之水"而得名。苏州素有"水乡"之称,古运河则是苏州肌肤上脉动的血管,是"水乡"的重要载体。沧浪新城二小以其得天独厚的优势写意水韵。

智者乐水。水是柔和的、细腻的、灵动的、包容的、洁净的。沧浪新城二小的学生和教师就生活在这样的环境里。我们希望学校全体师生成为一个个充满发展可能、有着内在成长需要的生命体,在这提供广阔、自由的发展空间的学校中,都能按照自己身心发展的规律,生态地、绿色地、和谐地、个性飞扬地、顺乎自然地学习、工作与生活,以最佳状态健康发展!

2. 这所学校应该凸显文化

沧浪区拥有着众多的古代文化地景。古代优秀的传统文化成为这个地区的区域精神,也成为这个城的城市襟怀。沧浪之水以她丰富的文化内涵滋润着一代代的"沧浪"子民,又以自己浓郁的文化底蕴培育着新世纪苏州人的品性。文化需要传承,文化更需要发展。沧浪新城二小地处古吴文化的重要发源地,因此,学校必须更多地凸显苏州文化元素,发展苏州城市精神,张扬崭新的苏州沧浪文化。

随着时代的发展,沧浪之水又承载着现代化的重任。沧浪新城现在已是一个充满经济活力、有着浓郁文化氤氲的现代化社区。坐落在这样的环境里,沧浪新城二小必须更多地凸显现代文化元素。

于是,我们学校将责无旁贷地肩负起这样的使命:传承文化,培养英才;发展文化,服务社会。

二、教育关键词

1. 我们的办学目标:追求真实的生命成长

我们教育的对象是一个个鲜活的生命,不是一个个知识的容器。我们追求的是他们真实的生命成长。无论是教师还是学生,他们都在这片校园中成长着。我们要用知识强健他们的身体,用精神丰满他们的生命,不教"空心"人,办有精神的教育,办真实的生命的教育,办一个个生命个体成长的教育!

2. 我们的办学宗旨:着力关注人的生命,唤醒人的生命自觉,使作为生命体的师生个人能勇敢地面对生活、自我更新

这是一种"水"的精神:不要管我现在的样子,明天我会更加美丽!我们时刻充满着信心,永远乐观地面对现实的生活,无论是挫折还是喜悦;水声是生命体自觉的高歌,无论明天是什么样子,今天我都会做到最好,时刻创造生命的"第一"。一次次的"第一"是一次次的生命的成长。无论是流下高山还是东向大海,我们在德行上追求"上善若水",纯粹地、纯洁地、乐观地、勇敢地面对今天、憧憬明天。

3. 我们的教育理念:"一小点,一大点;一点点,无数点"

"一小点,一大点":重在从小到大地放大每个个体,以及放大个体之间的关系,放大我们看事物的角度,放大内心的期待。培养孩子从自己的"一小点"出发去拥抱世界这"一大点"的情怀,扬起孩子怀揣"一小点"属于今天的期待而执着于未来这"一大点"的风帆。

"一点点,无数点":是指向群体、涌向群体的汇聚。我们的孩子不是被禁锢的笼中鸟,他们都将走向大千世界。学会群居,学会合作,学会成为社会中合群、乐群的有建设能力的公民,这是小学阶段的个体"社会化"进程提出的任务。自己只是"一点""一点点",但拥抱着群体,自己就是"无数点"中的"一点点"了。组织决定功能,团队中的个

体功能远大于单纯的个体功能的道理未必能让孩子理性理解,但感性的体验是应该在小学阶段提供的。新世纪,成功之人必定有合作能力。一滴水很快会干涸,只有当一滴水汇入江河湖泊它才有真正的不息的生命。"一点点,无数点"将成为沧浪新城二小孩子们童年的社会"戒律",这也将成为他们未来的人生信条!

对学生:让学生从单一地接受教科书上的刻板知识中解脱出来,关注作为整体的"人"的学习。从"一小点"的成功到"一大点"的期待,从"一点点"的积累到"无数点"的凝聚,一切皆有可能!

对教师:关注教师生命成长,让教师感受生命的尊严、享受创造的欢乐。学校是教师事业的乐园。从"一小点"的生活状态的变更到"一大点"的人生行走方式的变化,从"一点点"的快乐愉悦到"无数点"的灿烂岁月,我们将因为选择了教师这份职业而燃烧生命的绚烂和激情。教师在奉献时享受着快乐,就像河流在灌溉庄稼时唱着轻快的乐曲。我们不仅仅是知识的传播者,我们更是知识的创造者;我们不仅仅是生命的引路人,我们更是生命尊严的捍卫者。教师是用一种社会良知创造一次次生命"第一"的奇迹!

对教育管理者:期待教育管理者能面对真实的自己,寻求真实的发展空间,将学校改革视为自己的生活过程。教育管理者当有教育梦想和济世情怀,让教育改变自己的时候改变教育,让校园改变自己的时候改变校园,让学生改变自己的时候改变学生!我们要以真实的情态面对校园的一切,真诚得像水一样纯粹!

这些关注和期待的背后,是对生命的理解、对教育的认知。在"一小点,一大点;一点点,无数点"中有着灵动、鲜活的生命成长。你、我、他,都是生命的存在,都有追求、向往,都能散发出阳光的味道,都能有一条五彩的生活道路,都能汇成奔腾的生命的江河湖泊。沧浪之水,生生不息!

三、一训三风

1. 校训:上善若水,创造第一

老子《道德经》第八章:"上善若水。水善利万物而不争,处众人之所恶,故几于道。居善地,心善渊,与善仁,言善信,政善治,事善能,动善时。夫唯不争,故无尤。"含义是:最高的善像水那样。水善于帮助万物而不与万物相争。它停留在众人都不喜欢的地方,所以接近于道。上善的人居住要像水那样安于卑下,存心要像水那样深沉,交友要像水那样相亲,言语要像水那样真诚,为政要像水那样有条有理,办事要像水那样无所不能,行为要像水那样待机而动。正因为他像水那样与万物无争,所以才没有烦恼。

我们追求一种"上善若水"的德行。"上善若水"的德行是孩子们明天人生行走的"支撑"。纯正的德行是一生的财富,是快乐化解挫折、坎坷的心解诀,是冷静面对成功喜悦的守护神。

如果说"上善若水"是植根于"沧浪"的传统文化,那么"创造第一"就是"沧浪"的时代气息。苏州的精神、沧浪的时代精神都在行为上要求我们将"创造第一"作为沧浪新城二小孩子童年的印记。

创造第一不是争取第一,所有的第一都在于创造。放飞孩子想象的翅膀,让师生的生命在一次次的"第一次"的感觉创造中不断升华。原来方法可以这样获得,原来答案不止一个,原来转头一看有不一般的风景,原来一切都是可能的。第一不难,创造不难,创造第一也不难!童年中的创造虽然不是世界上的第一,但它是你的、我的、他的、她的童年的第一! 这是我们生命的真实的成长!

2. 校风:笃实、自信

笃实是德行的体现,只有笃实的品行才有真实的生命;自信是行为的要求,只有自信的奋进才有创造第一的奇迹。

3. 学风:纯真、勤奋

纯真是童年的底色,勤奋是水滴石穿的精神。

4. 教风:仁厚、从容

仁厚是水的德行,负载万物而不骄,滋润生灵而不争;从容是水的行为,自信而大度,欢快而轻松。

四、建筑命名:校园文化的地景标识

行政楼:善治楼

教学楼：善渊楼、善仁楼、善信楼

专家楼：善时楼

体育馆：善能楼

食堂：善地楼

四处园子：

老聃园——老子，第一个完美地解释了水的智者

屈子园——屈原，第一个唱出"沧浪之水"的诗人

舜钦园——苏舜钦，第一个把"沧浪之水"写到苏州的士人

从文园——沈从文，苏州的女婿，现代文学史上"水"的化身

用水的灵动滋养生命的智慧
"同伴互助"主题式校本研修

沧浪新城第二实验小学位于水城苏州西南,是一座规划超前、按现代化标准设置、拥有一流硬件设施的六轨制36班的城市完全小学校。学校自开办以来,以"以水的灵动滋养生命,以水的波澜汇聚智慧,以水的宽厚沉淀德性"为办学理念,关注教师成长,倡导团队意识,鼓励教师在工作中和谐互助、优势互补、不断超越,让教师感受生命的尊严、享受创造的欢乐。

自办学以来,学校面临的是每一年的增员与扩容。来自不同学校的教师带着各不相同的个性特长与职业烙印。新旧环境的变更、碰撞,多少会让教师们一时间难以适应。为使其尽快地融入,学校需要开放怀抱、博采众长,同时又要因势利导、给予规范,形成自己的教师管理文化。学校的行政队伍、教师队伍年轻、有朝气、有冲劲。虽然缺乏经验与基础,但同时也没有框架与束缚,有利于创新机制,建立良好的校本研修体制。经过几年的摸索与实践,学校已初步建立了"同伴互助"主题式校本研修体系,保证了教师有序、稳步地成长与发展。

一、"同伴互助"主题式校本研修基本框架

"水尝无华,相荡而生涟漪",思维和思维的碰撞产生出思想智慧的浪花。几年来,学校通过"同伴互助"主题式校本研修,形成了"每月一主题"极具个性化的研修之路,打造了二小"水"教师团队,初步形成了学校"水文化"引导下的校本研修特色,全面提高了学校教学水平,扩大了学校的影响力。

(一) 指导思想与活动目标

1. 指导思想

校本研修崇尚自然、开放、智慧、灵动的研修模式,以海纳百川的姿态吸收、融合利于教师成长的一切因素。校本研修关注教学过程的细节,关注教师的点滴进步,从"一小点"的工作状态的变更到"一大点"的人生行走方式的变化,从"一点点"的快乐愉悦到"无数点"的灿烂岁月。教师之间像水那样的相亲,在思想浪花的碰撞中享受快乐。

2. 活动目标

(1) 发展教师:引导教师学习与思考,通过同伴间思想的碰撞、融合,使二小教师树立新时代的教育教学理念,加深对教材、对学生的理解,提升教师整体教育教学水平,缩小教师、班级之间的差异。

(2) 打造教师团队:锻炼分管行政人员和教研组长的管理能力,提高教师团队的凝聚力和执行力。

(3) 形成教研文化:提炼出各自富有水的精神的教研组特色,形成学校"水文化"教研文化特色。

(4) 分享教学资源:积累丰富的教学资源和教学经验,为后续的教师发展和教学工作提供服务。

(二) 内容设计和操作流程

校本研修的内容来自教师日常"七认真"工作。通过每月一主题的集中研修,发现、研讨、解决日常教学工作中的问题,使研修活动与教师需求紧密结合。同时搭建平台,使各个层面的教师在活动中均能得到提高与发展。

1. 主题式校本研修系列一:有效备课——"板块研读,教材梳理"

针对学校教师原来的不同职业背景和个性特长,学校通过学习沧浪区"七认真"要求和教研组内研讨产生校本的"七认真"工作要求。这些要求来自教师团队,因而教师的认可度和执行力都比较高。在此基础上,学校展开对教材、对学生的分析研讨,使教师间取长补短,达到班级之间均衡发展。

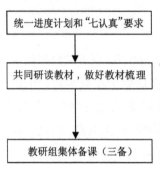

（各教研组在学习沧浪区教研室要求后讨论产生学校总要求，使来自不同学校和具有不同文化背景的教师认同并统一"七认真"要求）

（教材梳理包括学情分析、教学重难点分析、适当的拓展延伸和有效创新。重点关注学情分析，如学生的知识、能力结构和学习习惯、常犯错误等）

（帮助教师对教材梳理进行实践与思考，加深对教材的理解，从学生实际出发设计教学，同时帮助青年教师了解有效备课的规范）

2. 主题式校本研修系列二：有效课堂——"切磋琢磨，教学相长"

有效课堂是继有效备课后的教学实践研究。教研组成员人人参与，对教学内容反复研究，对教学材料精心准备，对教学对象认真分析，对师生课堂行为仔细观察，对教学过程切磋琢磨，可有争执、可有激辩。A教师这样上课，B教师觉得可以那样上课，那么就请两位老师共同执教。不同的理念、不同的方法在活动中激荡，最终形成共识。"教无定法，但教有良法"，切合学生发展的、尊重常识的、课堂自然生成的……"生本"的教学理念就这样一点点地流进教师心底，教师也在这样的环境氛围中成长。

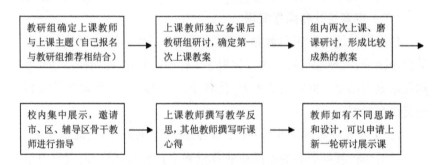

3. 主题式校本研修系列三：有效作业和评价——"创新设计，个性飞扬"

"有效作业从教师亲手设计开始。"通过教研组内对有效作业的设计研讨和对学生错题的整理交流，使教师能从学生学习的角度、从更好地把握教材重难点的角度、从"减负增效"的角度来梯度设计学生作业，激发学生学习和完成作业的兴趣，重视对学生学习能力、动手能力、综合运用知识能力的培养,让学生学得轻松、愉快、扎实。这个活动旨在引发教师对作业设计的重视和思考,使教师(尤其是青年教师)具备一定的作业设计能力,树立正确的作业观,提升教师对教材、学生、作业的把握能力,为教师命题打好基础。

4. 主题式校本研修系列四:有效命题——"科学规范,资源共享"

在2009、2010年对命题研讨的基础上,2011年,教师着重学习如何科学命题。各教研组在理论学习的基础上设计"试卷命题细目表",从领域、主题、能力描述、认知层次、题型、取材、分值比重等多个方面考量,研讨科学命题、科学评价。2012年,在对平常学生在作业、练习中容易出现的错误进行归类整理的基础上进行命题,提高命题的有效性。活动不仅引领了广大教师关注学生综合运用知识能力的培养,促进了平时的课堂教学,使命题、试卷更好地为教学服务,而且使全体教师了解了科学命题的设计流程,树立了科学命题的意识,促进了教师对命题进行思考,提高了教师命题和把握学科的能力。

5. 主题式校本研修系列五:阅读经典——"提升内涵,文化滋养"

教师读书会"五年阅读计划"分为"教育必读书计划""教师拓展性阅读计划""教师读书报告计划"和"网络阅读平台计划"四个模块,每个模块又分为"我读我思""聆听体会"和"思考交流"三个项目。读书活动以"水澜语汇"教师论坛为载体,推荐教师阅读《给教师的建议》《〈学记〉译述》《第56号教师的奇迹》等大批优秀经典著作,通过点评、摘录、传阅、分享,让教师在提升文化素养的同时更新教育观,从经典身上汲取养分、提升内涵。

二、"同伴互助"主题式校本研修的典型案例和研修成果

1. 典型案例

胡艳老师2010年大学毕业后来到沧浪新城二小,工作虽然只有三年,但她两次承担学校课题的区级展示课,所带的班级班风好、教学质量高,受到同行和家长的认可。她的成长在青年教师中很具代表性。

在自主研修中,学校创设学习条件,激发每位教师的学习自觉性和主动性。胡艳老师总是认真参与每个月定期组织的集中学习现代教育

教学理论活动及各教研组每月安排的学科教学业务理论学习或讨论。她要求自己每学期要读一本教育专著或一种教育期刊,每周摘抄教育教学文摘卡片,不断提高自身的教育理论素养及教科研能力。

在案例学习中,胡艳老师反思了自己在教学实践中的经验、故事,从中提炼出某种共性的、规律性的东西,从而更好地找到理论和实践的结合点,甚至上升为自己的教育个性。同时通过学习和分析他人的案例,观察他人的课堂,反思自己的实践,达到分享他人的成长经历和规律的目的。

在"有效课堂"的研讨过程中,年级组对具有内在不确定性的、复杂的教学情景进行交流,与处于"现实情景"中的教师对话。胡艳老师总是认真聆听、学习,同时积极交流与分享自己的想法,在这样一个讨论的过程中逐步体会和领悟一个具体教学课例所蕴含的课程发展理念,重组、修正自己的认知结构及专业理论,进而获得建构理论和专业成长的机会。

胡艳老师在一系列校本教研活动中,创造学习环境,设计教学活动,表达自己的教育理念;在行动中反思,在研究中提高,在课改中成长,不断提高自身对新课程的适应能力;在灵活多样、有针对性的培训中把职业素养和专业能力的提高作为内在需要和自觉行为,将培训成果迅速转化为自己的教学效能,使自己具有自主性、反思性、探究精神和创新精神,加速了自身的成长。

王仕轩同学的转变则让我们见证了校本研修对学生发展所带来的巨大作用:孩子不仅学习的积极性提高了,而且也能腾出时间参加学校的各项活动了。在活动中,孩子的才能得到了展现,能力得到了提高。

一年级语文教研组共有6位教师,虽然其中4位都是踏上工作岗位没几年的青年教师,但是在教研组组长包老师的带领下,在校本研修活动的引领下,这个团队取得了可喜的成绩和长足的进步。一年级各班班风良好,学生学得轻松,教学质量高,每位老师都在原有基础上得到了不同程度的发展。一年级语文教研组重视教师的理论和业务学习,采用集体与自学相结合的办法,让先进的教育思想牢牢扎根于每位教师的心中，从而使每位教师更好地为教育教学服务；充分利用教研时间对本年级段的教学目标、要求、重难点、教学方法等进行解读学习。同时，教研组重视各种形式的研讨活动，教师通过评课、讨论，在不断的研讨切磋中共同成长。教研组里始终充满学术民主氛围，彼此不论职务高低、资历深浅，敞开心扉，直抒胸怀，每个人都能充分陈述自己的观点和见解，形成敢于"直言"的氛围。新的想法和观点就在这样的相互交流碰撞中产生。教研组强调行为跟进、实践反思、伙伴合作、专业引领的实践形式，有效地解决了先进的理念向教学行为的转移，有利于深入学科教学，并且能有效地改进教学行为。

教研组是学校教学研究最基层的组织，是教师成长的摇篮，是教师进行教学和研究的主阵地。一年级语文教研组主要在"实"字上下功夫，在"研"字上求发展，真正使教研活动经常化、专题化和系统化。

2. 研修成果

（1）团队。通过校本研修，学校努力打造三个团队以提高教师团队的自我管理能力和凝聚力。三个团队分别是：

学科分管行政团队：主要是学校教导处各学科分管教导。分管教导在校本研修活动中努力提供学科建设的专业服务，其中包括对新的教育教学理念的传送、对该学科小学各年段的教学把关、对各教研组校本教研活动的指导等。通过这些校本活动的展开，促使分管行政团队加强学习和思考，带领教师对分管学科进行深入研究，从而提高分管行政团队的学科能力和领导力。

教研组组长团队：通过校本研修，提高教研组组长独立开展校本研修活动的能力和指导本年段学科教学、把关本年段学科教学质量的能力，从而使他们成为学校教育教学的骨干中坚力量。

教研组团队：每一个教研组都能围绕研修主题展开研讨，形成浓郁的校本研修氛围，取得一定的研修成果。每一位教师都能从活动中有所收获，最终达到教师的自觉发展。

（2）文化。各教研组提炼出各自富有水特征的教研组文化。语文组：诚、成。数学组：灵、活。英语组：和、合。综合组：融、汇。学校"水文化"校本研修特色雏形初成。

(3) 资源。

题库：包括学科单元测试卷、能力测试卷、校内质量调研测试卷、学艺竞赛方案、个性作业题库等，由教研组组长负责收集打包，放在学校资料库中，教师可以调用。

教学资源库：包括教材单元知识梳理，校本研修活动磨课教案课件，教师展示课、研讨课、评优课等教案课件与教具，研修活动中逐步形成的课堂常规系列以及语文、数学、英语课堂教学策略点滴等，由教研组组长负责收集打包，放在学校资料库中，教师可以调用。

校园读本系列：本校教师自编《水世界和我们》（共6册），免费发放给学生，循环使用。

教师业务档案：为学校的每一位教师建立业务档案，记录教师成长的点滴，为教师今后业务发展提供材料。

师水之道：笃志践行，深宽清亮
关于苏式教师成长的思考

苏州是水的天堂，一方水土育一方名师，苏式名家叶圣陶的教育主张历久弥新：

- "我以为好的先生不是教书，不是教学生，乃是教学生学。"
- "凡为教，目的在于达到不需要教。"
- "教师之为教，不在全盘授予，而在相机诱导。"

细细品读叶老的教育思想，不难发现，理想的教学观当为：不教之教。古语有云："授之以鱼，不如授之以渔"。"鱼"无穷尽，而"渔"则得一而尽。

做叶圣陶式的教师，做智慧的苏式教师，是我们不断思考的课题。

一、品味苏式教师的深刻内涵

1. 苏式教师应该具有教育的信仰

苏式教育与苏州城市精神一脉相承，内敛从容、温婉细腻、创新进取。这也当是苏式教师的高贵气质，它烙印在每个人的教育信仰里。

2. 苏式教师应该具有教育的视域

在我们二小人眼里，理想的苏式教师应有如下德品学养：

（1）效水之深：在提升文化素养的同时寻找新的教育观。苏式教师应该是充满自信、不断挑战自我的教师，应该是充满激情和诗意的教师。

（2）若水之宽：在形成全新角色观念的同时形成积极的职业发展意识。苏式教师应该是善于合作、具有人格魅力的教师，应该是充满爱心、受学生尊重的教师。

（3）润水之清：在学会执行的同时讲求实效。苏式教师应该是追求卓越、富有创造精神的教师，应该是坚韧刚强、不向挫折弯腰的教师。

（4）炫水之亮：在自身发展的同时折射学生的发展。苏式教师应该是甘居人后、点燃学生生命希望的教师，应该是关注人类命运、具有责任感的教师。

从"教××学科"到"教孩子学××学科"，再到"用××学科教孩子"，教师们在成长，教师们在思考，不仅仅用学科知识去引导孩子获得人生的经验，更着眼于孩子完整的发展，带来的是孩子六年或者更长时间的进步、变化。每个孩子有着不同的答案，每个老师有着不同的答案，他们共同前行着、改变着。

3. 苏式教师应该具有生长的视点

教育不应该是硬生生地改变，而应该是一种接纳，是"用你需要的方式来爱你，让你成为最好的自己"。

（1）铸造最美的童年。

孩子应该是校园中最美的精灵。童年可以不太一样，但快乐是童年的要义。苏式教师有责任让所有的孩子享受校园中美好的童年。

（2）提供最多的可能。

将一切的梦想抑或幻想描成美丽的图景展示给孩子也许是不可能的，但正是因为这一个个不可能，才会成就孩子将来最多的可能。苏式教师有责任努力为孩子提供最多的可能，让孩子在校园中自由快乐地成长。

（3）成就最好的自己。

苏式教师最大的魅力就是让孩子主动、积极、健康地成为最好的自己。要让每一个孩子成为色彩斑斓的世界中具有独特个性的自己，我们应该常常引导孩子自我反思和自我教育。教育的成功在于孩子能够自我教育。一个有自我教育意识的人才会成为真正的自己。

二、探寻苏式教师的锤炼之道

二小伴水而生，因水而立，循水而行，迄今已走过了七个春秋。学校倡导教育当如"水"，自然、宽厚、灵动，"以水的灵动滋养生命，以水的波澜汇聚智慧，以水的宽厚沉淀德性"。这是一种追求，也是一种信仰。

1. 因势利导,给予规范

二小对教师的锤炼遵循八字原则:因势利导,给予规范。因势利导是指像水有自己流动的自然规律一样,学校要尊重教师成长发展的规律。学校帮助教师认识职业、确立目标。给予规范,如同对水的流动加以规范、给予方向,但不修渠道,只是制定边界和规矩。学校帮助教师成长,要符合人性的要求,在引导浸润的基础上操练行为。

2. 凝心聚力,团队作战

二小相信团队的力量。自建校以来极为重视团队建设,尤以"同伴互助"主题式校本研修体系为有效抓手提升教师团队的专业能力。该研修体系以"四有效一经典"五大板块为支撑,循序渐进,螺旋上升。

(1) 有效备课,侧重板块研读、教材梳理。

教材梳理包括学情分析、教学重难点、适当的拓展延伸和有效创新。重点关注学情分析,如学生的知识、能力结构和学习习惯、常犯错误等,帮助教师对教材梳理进行实践与思考,加深对教材的理解,从学生实际出发设计教学,同时帮助青年教师了解有效备课的规范。

(2) 有效课堂,侧重切磋琢磨、教学相长。

有效课堂是继有效备课后的教学实践研究。教研组成员人人参与,对教学内容反复研究,对教学材料精心准备,对教学对象认真分析,对师生课堂行为仔细观察,对教学过程切磋琢磨,可有争执、可有激辩,以此推动每位教师对课堂的把控能力。

(3) 有效作业和评价,侧重创新设计、个性飞扬。

通过教研组内对有效作业的设计研讨和对学生错题的整理交流,使教师能从学生学习的角度、从更好地把握教材重难点的角度、从"减负增效"的角度来梯度设计学生作业,激发学生学习和完成作业的兴趣,重视对学生学习能力、动手能力、综合运用知识能力的培养,让学生学得轻松、愉快、扎实。

(4) 有效命题,侧重科学规范、资源共享。

各教研组从领域、主题、能力描述、认知层次、题型、取材、分值比重等多个方面考量,研讨科学命题、科学评价。同时,引导教师针对平常学生在作业、练习中容易出现的错误进行归类整理,在此基础上进行命题,提高命题的有效性。活动不仅引领了广大教师关注学生综合运用知识能力的培养,促进了平时的课堂教学,使命题、试卷更好地为教学服务,而且使全体教师了解了科学命题的设计流程,树立了科学命题的意识,促进了教师对命题进行思考,提高了教师命题和把握学科的能力。

(5)阅读经典,侧重提升内涵、文化滋养。

教师读书会"五年阅读计划"分为"教育必读书计划""教师拓展性阅读计划""教师读书报告计划"和"网络阅读平台计划"四个模块,每个模块又分为"我读我思""聆听体会"和"思考交流"三个项目。读书活动以"水澜语汇"教师论坛为载体,推荐教师阅读《给教师的建议》《〈学记〉译述》《第56号教室的奇迹》等大批优秀经典著作,通过点评、摘录、传阅、分享,让教师在提升文化素养的同时更新教育观,从经典身上汲取养分、提升内涵。

该校本研修设计以六年为一个基本循环,在实施过程中根据学校、教师实际情况不断进行调整和改进。研讨主题来自教学中直接面临的问题,随着问题的深入,研讨主题也逐步深入。经过几年的尝试,校本研修提升了教师的整体素质,缩小了教师差异、班级差异,达到年级、班级均衡发展。

3. 经典活动,提升素养

这几年来,学校精心设计,举行了"60后""70后""80后""90后"教师文化素养系列活动,全力打造苏式教师,提升综合素养。

● 杜拉拉式管理模式

我的美丽日记(气质修养)——"'三八'节做最美的我"家访活动、中医养生。

我的幸福人生(职业规划)——成功女性谈职业观、校园微电影展评。

我的亲密伙伴(团队打造)——"点滴·汇聚·流淌"年终幸福盘点。

● 晒晒独门功夫

一班一品观摩会——我的班级我来夸、"一切为了孩子"我来谈。

一招一式秀才艺——烹饪达人秀、"放飞理想的翅膀"诵读会。

舞文弄墨群英会——基本功比赛、错题集展演。

● 精英零距离

名人会客坊——名人、名家讲座交流。

水澜语汇——教师论坛(教育教学心得、读书体会)。

经典回放——优秀教育影片欣赏。

我们办真实生命的教育,办一个个个体成长的教育。在沧浪这方教育的热土,我们的教师愿化作一泓清泉,润泽万千学子,构筑诗意而温暖的苏式校园。

水生慧心智者乐

文化视野中的师德师风建设

沧浪新城第二实验小学(简称"沧浪新城二小")坐落在沧浪新城南端,毗邻古运河,遥望沧浪古城。这样一所崭新的学校在开办伊始就着力打造水文化校园品牌特色。

构建学校文化是一项系统工程,更是一个长期积淀的过程。只有不断涵养积极向上的思想,不断强化优良的文明习惯,最终才能形成学校特有的文化和精神,并通过人的言行、气质、思想显现出来。因此,我们以文化管理的视角规划学校师德师风建设。

一、在学校办学理念的引领下规范思想

1. 学校愿景的认同

沧浪新城二小以得天独厚的优势写意水韵。水是柔和的、细腻的、灵动的、包容的、洁净的。我们的师生就生活在这样的环境里,我们希望师生成为一个个充满发展可能、有着内在成长需要的生命体,在这提供广阔发展空间的学校,按照自己身心发展的规律,生态地、绿色地、和谐地、个性飞扬地、顺乎自然地学习、工作与生活,以最佳状态健康发展,身体健康成熟的同时精神发育成长。

学校关注教师的成长,让教师感受生命的尊严,享受创造的欢乐。学校是教师事业的乐园。从"一小点"的生活状态的变更到"一大点"的人生行走方式的变化,从"一点点"的快乐愉悦到"无数点"的灿烂岁月,我们将因为选择了教师这一职业而燃烧生命的绚烂和激情。教师在奉献时也享受着快乐。教师不仅是知识的传播者,也是生命尊严的捍卫者。沧浪新城二小教师将用一种社会良知和责任感创造一次次生命"第一"的奇迹!在此基础上结合绩效工作的实施,我们制定了《师德考评标准与奖惩方法》。

2. 法律、法规的认识

（1）学校有计划、有步骤地狠抓学习教育活动,组织学习《中华人民共和国教师法》《中华人民共和国教育法》《中华人民共和国预防未成年人犯罪法》《中华人民共和国未成年人保护法》《学生伤害事故处理办法》等法律、法规。

（2）学校组织学习《中小学教师职业道德规范》《公民道德建设实施纲要》《教师工作制度》《师表、师德、师风、师能具体要求》《教学常规"八不准"》,要求教师对照要求树立自己的良好形象。

3. 校本培训的建立

（1）利用心理咨询室对教师进行心理辅导,举办心理辅导讲座等。

（2）召开班主任例会。

二、在学校文化管理打造中规范行为

结合学习科学发展观,开展"一、二、三、四、五"主题活动,做好五师工作(由教代会老师自己制订规划)。

（1）树师表——优雅、活力、乐观、大方。

（2）育师德——仁厚、敬业、宽容、民主。

（3）立师道——勤奋、博学、务实、严谨。

（4）正师风——求真、求实、求细、求精。

（5）练师能——重情感育人,求高效育人,展科学育人(掌握教学规律)。

教师们统一思想、严格规范行为后,还要引导教师在工作中努力实现自己的价值："小"教师→"能"教师→"好"教师。

三、在学校文化精神期待中自我实现

1. 每个教师当好学校的形象大使

（1）文化活动时感悟礼仪之美。

（2）请企业公关来谈优雅女性,操练十条策略。

（3）统一服装,打造二小教师形象。

（4）制定二小教师语言规范系列(分晨会篇、班队活动篇、孩子谈话篇、家长交流篇)。

  2. 每个教师叙述爱的教育故事

  (1) 班主任话心理。

  (2) 感恩节主题活动。

  (3) 新年畅想。

  3. 每个教师编织育人技巧

  (1) 如何关注差异,促进发展。

  (2) 如何养成良好的行为习惯。

  (3) 如何在学科上彰显育人特色。

无"界"校园和有"情"家园

挖掘学校资源面向社会开放初探

近年来,社会大力倡导"办人民满意的教育",坚持教育以人为本,关注社会,关爱民生。为积极响应这一号召,我校在全区率先实行了校园开放活动,这是实现开放办学、充分发挥学校现有设施功能的创新性举措,也是教育以人为本、服务群众的重要体现。

我校作为沧浪新城的公共配置学校之一,现有特色教室8个、专用教室24个,拥有标准塑胶跑道操场、羽毛球馆、篮球场、乒乓室、健身房等多个专业的体育运动场馆,是一座规划超前、按现代化标准设置的六轨制的城市完全小学校。"校园面向社会开放"的实施和推行,让群众走进了学校,也使学校走向了社会,把以往"围墙式、封闭式"的校园变成了"开放式"校园,全面展示了校园建设以及教师员工良好的精神风貌,也映射了学校水文化特色办学理念"包容兼济"的教育核心,共建了一个"和谐温馨"的幸福家园。

一、往者如斯——假期校园,一方休憩的乐土

水是我们学校的底蕴,它兼容并包,它至纯至勇,更重要的是,它始终奔流、不断前行。

学校不仅提供给孩子们学习的空间,也是孩子们的精神家园。他们在这里获取知识和力量,一点点地成长起来。假期里,整齐的琅琅书声消歇,但孩子们的成长不会就此停步。学校自然也不该成为四面墙围的屋舍,而应是孩子们休憩的乐土。

1. 田园生活

一些小朋友把他们的雏鹰假日活动的地点定在了学校的种植园,对生活在城市里的孩子而言,再没有比亲近绿色、享受劳动更有乐趣的了。校园里的"田园生活"让他们闻到了泥土的清香,体会到了种植的

乐趣,感受到了生活的丰富和美好。

2. 强身健体

暑假里,走进沧浪新城二小宽敞的体育馆,孩子们银铃般的笑声伴着跃动的篮球、飞舞的羽毛球、跳动的乒乓球在这里回响,阳光的心情、快乐的童年、灿烂的表情在这里尽情挥洒。家长们似乎也在这里找回了自己的童年,这个童年是在沧浪新城二小的校园里,和自己的孩子共同的童年。

3. 诗意阅读

二小的孩子们暑假里最喜欢的地方就是学校的阅览室。在这里,空调送出徐徐凉风将外面的酷暑隔绝,各种各样琳琅满目的书籍满足了学生扩展知识的渴望,还有可爱的小伙伴和熟悉的老师……

七彩暑假,书香正浓,二小的学生们在阅览室里度过了悠悠的夏日时光,等开学后还要迫不及待地交流暑期看书的新收获呢。

4. 沙池童趣

在楼梯的一隅,静静地悬着两个大大的沙包。可别以为它们一直是那么寂寞,时不时会有几个小家伙上来挥舞几拳,比比谁的胳膊更有劲儿。与两个沙包遥遥相望的是小小的玩沙池,池虽小却承载着无尽的欢乐。瞧,几个小姑娘围在一起,时而搭起一座埃菲尔铁塔,时而来个天女散花,谁也不知道她们下一秒钟又会想出什么新花样……童年就是这么无拘无束。

二、亲水无间——假期校园,一场社区的盛宴

水是无形的,它可以以各种形态与其他领域进行无间地接触融合,成为沟通连接的枢纽。学校在社区范围中就是这样一个载体,在假期中最大限度地承托起社区对文体生活的需求,让各类人员在校园里吸纳各自的养分。

1. 有形之围与无束之疆

学校有高墙的包围,但这墙围不是限制,也不意味着隔绝。这是安全之墙,也是管理之墙。

为更好地实施《全民健身计划纲要》,有效发挥学校现有体育设备、设施作用,缓解沧浪区公共体育运动场馆短缺与社区群众渴望体育运动的矛盾,结合学校实际情况,我校决定在不影响学校正常教学秩序的前提下,将学校体育馆向居民定期开放。

为消除校园安全隐患,学校体育馆开放实行团体会员制,开放对象为沧浪区辖区内党政机关团体、学校所在街道,学校所在社区的居民以社区为单位组团参加。所有进出人员由街道或社区归口,由专人负责并制作统一的胸卡,凭卡进入校园开展活动。同时,为进一步提高学校体育馆的资源利用率,更好地发挥体育馆的健身功能,丰富社区居民业余生活,开展健身活动,保障居民的人身安全,双方需明确各自职责,签订具体协议。具体安排如下：① 校方安排一名行政人员负责开放工作的组织协调与实施,并加强对管理责任人的管理。② 学校体育设施的日常检查、维修、保养工作原则上由学校总务处负责,学校保安人员和管理责任人协助做好管理和服务工作,将活动情况记入开放日志册。③ 进场活动人员承诺服从校方管理责任人的安排,遵守学校相关各项规章制度。④ 进场活动的人员要爱护场馆及体育运动设施,并协助校方保持场馆卫生,在活动结束离开场馆时,应自行清理活动期间留下的纸巾、饮料瓶等各类垃圾,维护学校环境和秩序。

2. 休闲锻炼丰富居民生活

如今学校已成为辖区内的友新街道的定点活动单位。学生们邀上自己的好友结伴来到这里打球,挥洒青春；老人们更倾向于伸伸胳膊动动腿,舒展舒展筋骨,伴随着孩子们的欢声笑语,感觉自己也年轻了不少。

周末,体育馆里更是热闹非凡。辖区内机关单位的年轻小伙们在这里展开了激烈的角逐。掷地有声的运球、箭步上篮,颇有几分专业的架势,不时爆出的喝彩声更是将比赛推向了高潮。大家兴高采烈地运动着,尽情享受着优质环境带来的快乐！

3. 消防训练保一方平安

操场上经常会出现一群精神抖擞的消防官兵。他们利用学校的场地使日常训练更为科学有效,从而能更好地保障辖区内居民的生命财产安全。

消防官兵的到来也给学校带来了消防安全的知识和意识。消防安全知识讲座让全校师生强化了防火意识，也了解了相关的灭火知识。

校园的开放，使学校资源得到了重组和充分的利用。在校园开放的一系列活动中，我们深刻体会到学校不该是一个封闭的教育机构，而应是区域精神文明建设的核心力量，是引领、践行、传播文明的辐射源和大课堂。我们相信，校园无"界"，惠民有"道"。沧浪新城二小定能成为更宽容、更温馨、承载着更多生命快乐生长的精神家园。

一小点和无数点

构筑家长满意的信息化校园

苏州市沧浪新城第二实验小学是一所文化定位高起点、校舍以及设备均获得高位配置、以省一类标准建设到位、拥有高标准的教育技术装备的现代化小学。自开办以来,学校充分利用现代化教育媒介和手段,将教育信息化建设作为实现自身发展的有力抓手,以"起步、发展、创新"为流程主线,以"以水的灵动滋养生命,以水的波澜汇聚智慧,以水的宽厚沉淀德性"为办学理念,构建起了灵动智慧、兼容并蓄的办学模式。学校水文化特色日渐彰显,学校的知名度和社会美誉度不断提升。

一、铺设网络通道,实现无界沟通

互联网已经成为当今人们生活中不可或缺的重要媒介。学校通过这一平台,铺设了自由、开放、灵活、相互提升的网络通道,加强家校间联系,实现无界沟通。

窗口一:校长信箱

为加快信息反馈,及时了解、采纳广大师生以及家长、社会对学校发展建设提出的意见和建议,解决师生学习、工作、生活中存在的问题和困难,学校建校初期就在学校网站首页设立了"校长信箱"。自运行以来,收到的信息涵盖了教学、后勤、学生管理等方方面面的问题。大家对学校的发展和建设畅所欲言、献计献策,对学校各项工作的顺利开展起到积极的推动作用。"校长信箱"成了家校沟通重要的桥梁纽带。

窗口二:班级主页

学校推行"一班一品"人本有序的班级文化建设,将爱的触角伸向每个学生,营造生命成长的真实空间,实现了"一花独放不是春,万紫千红春满园"。班级主页即成为投射班级文化的可视窗口。家长们通过浏览班级网页中的一篇篇博文,了解了班级管理策略和教学动态,从而更加有针对性地教育自己的孩子,同时群策群力管理班级。在此基础上,学校倡导家长以"博客"形式为孩子建立电子成长档案袋。教师通过浏览孩子们的成长空间,了解了孩子的心声,了解了家长的教育方法,从而因材施教、指点方法,更有效地管理班级;家长们通过浏览彼此的博文,互相学习、取长补短,改正不良心态,调整育儿方法,从而更科学地教育自己的孩子,使之健康、全面发展。

窗口三:点点丝语

在孩子的成长过程中,每一个有意义的镜头、每一件难忘的往事、每一份真挚的情感,在教师的点拨下都化成了灵动的文字,通过学校网站的"点点丝语"栏目,书写着生命的记忆。在这里,孩子的个性得以彰显,写作兴趣得以激发,表达能力得以提升。目前"点点丝语"频道也成为最受学生、家长关注的栏目之一。

窗口四:每周菜单

为了让学生吃得更安全、更营养、更满意,学校不仅在家访时、膳委会例会中征询家长、孩子的意见,还广发"英雄帖",向广大师生家庭征集"奶奶私房菜",丰富午餐内容。这一举措为优化食堂菜谱注入了许多新的元素,也让孩子们在学校就能尝到"家"的味道。食堂这一实事工程办得暖胃又暖心。

二、借助荧屏终端,打造幸福家园

学校将信息化建设和校园文化建设相结合,借助荧屏终端,使学校成为温馨、和谐、幸福的家园。校园里洋溢着浓郁的人文气息。

频道一:LED 屏

学校大门口的 LED 屏是校园生活的投射台。学校的大事、要事,学生的校园生活,学校的人文关怀都在屏幕上一一记录。上学、放学时孩子的流连、家长的驻足已经成为学校一道亮丽的风景。

频道二:校园电视台

数字化校园电视台的建立不仅促进了学生自主探索、创新学习能力的发展,开阔了学生的视野,在教师、学生之间建立起一个互动式的视像网络教学平台,还成为联系家校情感、推动学生成长的特殊渠道。

1. 家长学校

校园电视台在家长学校的授课中发挥着重要作用。通过视频同步转播专家教育讲座,拓展家长会的职能,探索家长会的新模式。

2012年新学年的开学典礼,学校首次通过校园电视台和互联网同步直播。学生在教室里收看,家长在互联网上浏览,还吸引了电视台的记者前来报道采访。

2. 校园DV

学校通过校园DV的形式,以校园电视台为上传下达的纽带,用镜头记录孩子生活中温馨的、有趣的、感人的场面,寻找教师、学生、家长"眼中最美的风景",传递正能量,扩大教育效果。

3. 休业式

学校将学生点滴的进步、闪亮的镜头以微电影的形式在每年年终的"点滴、汇聚、流淌"幸福盘点休业式上进行展播,体现了学校"一小点,一大点;一点点,无数点"的水文化教育理念,呈现了学生真实的生命成长历程。年度"中国式最美家长"的评选也在家长群中掀起了热潮,每个家长都能从中汲取经验,对教育有了更全面的理解。

三、构建教育平台,优化资源共享

如今的教室里,电教一体机、电子白板已取代了传统的黑板。教学方法的更新,现代化媒介手段的运用,新型教学系统的构筑,大大延展了课堂的广度和深度,使课堂变得更灵动、更多元。

此外,学校建立了由学校教学软件和课件素材等构成的本地化特色资源库,为教师的日常教学提供了更多的思路和切实的帮助,实现了优质教学资源的共建共享。

尊重生命成长、强化服务意识是学校信息化建设的宗旨。几年来,学校沿着"规范化、精细化、精品化"的道路迈进,成为一所充满灵气、散发活力、有着可持续发展力的精神家园。

挂 职 手 记

挂职手记之一
建构优质课程体系的联想

从生动的教研实践到严谨的学术探讨,我们始终走着一条不断延伸的路。在这科研之路上,我们欣喜地走进原野,赏得绿意片片;我们自由地翔入苍穹,聆听欢鸣阵阵;我们深情地沐浴阳光,折射光彩熠熠。

北小(即南京市北京东路小学)的"娃娃课程"是娃娃自己的课程,是多年来北小教育人智慧的结晶。如北小人说的那样,娃娃课程得力于天时、地利、人和诸多因素。但相信这样的课程改革都有学校的价值取向在支撑。学校的每一项改变都被认为是必须要去做的,这就是价值取向。曾记得伊顿公学的选修课设置非常多,可以说是只要学生有需求,学校就争取开设。名校的精神气质是什么?是传承,是超越;是包容,是创新;是为了一切孩子,是为了孩子的一切!

由北小的浸润,我坚定了立足二小、建构课程的信心。2009年建校初始,我们就思考该如何立足、如何打造水文化——走特色课程发展之路。我们从学校文化、地域文化、民族文化、中国文化四个层面入手,在保证基础课程的基础上,尝试从五个视角建构校园课程体系。

综合实践活动课程群

我们希望能尽快完成从知识型课程向活动型课程的转型。活动是塑造学生品行、培养学生能力的最佳途径。这一课程群主要以艺术类、英语等兴趣活动为主,为学校课程文化中的致远课程系列。

水文化课程群

学校以打造水文化润泽教育为特色,崇尚在自然、宽厚的氛围中,通过环境熏染、活动陶冶、管理强效等多种途径培养学生向善的品性、灵动的思维、多元的才干。这一课程群主要包括"水世界"阅读、优质数学等,为学校课程文化中的致远课程系列。

苏州文化课程群

苏州是历史悠久的文化名城,丰富的地域文化既是前人智慧的高度凝结,也是时代和城市发展的见证。将这些极具地方特色的文化引入我们的校园、融入我们的课程,一方面扩大了教育的广度和厚度,另一方面也是对文化的一种传承。这一课程群主要包括苏州话、苏州童谣、苏州传说等,为学校课程文化中的清和学习系列。

中国文化课程群

只有民族的才是世界的。民族文化更多是代表了一些传统的意识模式和行为方式。中国文化应具有更宽泛的意义,如诗词歌赋、风土人情等。这一课程群主要包括诗、词、小说、民俗等,为学校课程文化中的若水熏陶系列。

教师研修课程群

教师发展的落眼点在于教师内涵发展。我校教师研修课程群包括文化通识、教育理论、班主任、教科研等,同时也为学校教师文化读书计划中的一个部分。

北小娃娃课程群和二小水文化课程群根植于不同的成长土壤,但有一点是共通的——从校园开始,一切教育都为了孩子的发展,将校园一切的课程资源放在学校办学理念中进行整合、实践。徜徉在学校课程乐园中,孩子们汲取到的营养将改变其未来的人生行走方式。

挂职手记之二
我的学校品牌之梦

刚做校长的时候,心中一直有个疑问:名校的品牌是如何构建的?是和品牌服装一样,靠固定的消费群体?是和品牌家电一样,靠售后服务?是和品牌房产一样,靠现房质量?慢慢就知道了,品牌是一种象征,一种归属感。学校品牌的核心竞争力就是学校的教师文化。

来北小、南师附小,是一种追随,也是一种聆听。细细探究了解两所学校的品牌建设,无不经历了校园环境课程"场"的建设、教育理念的不断更新、管理文化的不断完善、课程变革以及教学方式的改变。两所学校都在历史与现代中完善办学特色,在本土和国际化的融合中找到了平衡点。

在这样的品牌建设中,师生的学校生活有了精神家园的归属感,无论是在北小还是在南师附小,在课堂里,在报告厅里,在操场上,甚至是在传达室里,你都能感受到流动的愉悦感、充实感、成就感。看不到疲惫、厌倦、懈怠,呈现的是平和、放松、自然的状态。我想这就是一流学校把先进的教育理念体现在教与学的行为中,体现在人与人的交往中,把出色的改革思想变成了平凡的教学行为。

在这样的品牌建设中,师生有着共同的价值观,有着共同的理想愿景。在这两所学校里,孩子们的任务不光是学习,还有技能的成长和人文情怀的拔节。六年间,孩子们慢慢长大,身体、精神都在发育成长。参与古城保护的献计献策,参与改善生活的小发明、小创造,参与市长的城市管理……童年的印记,使孩子们对历史与文化有感情、对传统与伦理有温情、对故乡与国家有热情。这样的学校是生机勃勃的,有着生长强大的原动力。品牌建设就是给师生创设优质的生长环境。

在这样的品牌建设中,北小和南师附小都注重对师生精神气质的培养,问候礼仪可以成为全校的微型课题,同伴合作探究学习随处可见,教师课程、学生课程个性飞扬。孩子、教师身处这样的学校是在过一种有尊严的校园生活。品牌建设离不开传承人类积极的精神文化,这两所学校都以严格的要求规范师生,以灵动的课程发展师生。诚实守信、平和进取、包容开放、探索创新,这就是名校的精神气质。

名校的品牌是如何构建的?没有一所学校是可以复制的,但答案在我心中越来越清晰了!我想这是所有校长的梦,校长该有的教育之梦——品牌建设,校长的理想之梦!

挂职手记之三
他山之石 借镜姑苏

一、从文化视角整合课程资源

1. 文化是源

来北小、南师附小,是一种追随,也是一种聆听。在这里,我知道了一所学校的文化将决定它的走向,是学校品牌的核心竞争力。

2. 传承是渠

一个学校的文化是一个不断累积的过程,北小和南师附小都有着半个世纪乃至一个世纪的文化传承。只有将课程的昨天与明天在今天融合,才能将教育的各个方面最优化地激活。

3. 课程是水

学校的发展与文化建设应该建立在课程改革的背景下,实现课程功能的转变、课程结构的调整和课程内容的创新。

细细探究了解两所学校的品牌建设,无不经历了校园环境课程"场"的建设、教育理念的不断更新、管理文化的不断完善、课程变革以及教学方式的改变。

二、以生命成长构建学校品牌

1. 生态地生长

品牌学校需要良好的学校文化。优秀的学校文化就等于卓越的品牌。它所关注的是人的生存方式和生命意义,它是精神生活的守护神。

在北小,连保安师傅都很友善,这是因为在校园里的每一个个体都在生态地生长。这是对生命的尊重。

2. 自觉地生长

学校的发展总有着文化的自觉、管理的自觉和自我形象约束的自觉。在北小,教师们的办公室,孩子们课间的骑马舞,学校的课程设置,每一个场景都让你感觉是在自觉地生长。只有这样,学校的文化品牌构建才能最大限度地发挥每一个与学校相关的人的主动性和主体性。

3. 和谐地生长

学校要有开放的胸襟,走出围墙,走向生活,走向经典文化。

到北小时正好有体育展示活动。看到整个场景,你会感觉震撼,每个孩子都参与,每个年级都不同。这是和谐生长的沃土。

三、由教师发展推进校本研修

1. 问题为起点

校本研修的动因是解决学校的教育实践的问题、课程的问题、学生的问题和教师的问题。一切教育实践的需要都是校本研修的起点。两所学校的团队沙龙,无论人数多少,大家都畅所欲言。这让我看到了教师发展的需要、学生身心发展的需要。这是学校校本研修展开的逻辑起点。

2. 教师为核心

从一个课程的执行者转变成课程的研发者,这是课改的创新。一个个名字、一节节课堂实践,让我由衷地敬佩。教师成为学校走向的核心。教师在教育语境中是一个变量,他们有自身的发展需要,有自己的精神层面的期待。因此校本研修应该让教师成为核心。

3. 学校为基地

校本研修的家园是校园。教师、学生、家长、一切有关的社区均向校园聚拢。校本研修的主体是教师,同时也要有家长的加盟和社区工作人员的介入,这样才会最大限度地将校本研修的力量发挥到极致。

四、让学生群体成为校园天使

1. 最美的童年

孩子是上帝派来的天使,他们应该是校园中最美的精灵。教育应把童年还给孩子,让所有的孩子享受校园中美丽的童年。因此,校园的一草一木、楼梯操场都应该是他们的童年的见证。

2. 最多的可能

教育的本质之一就是为孩子提供最多的可能。将一切的理想、梦想抑或幻想描成美丽的图景展示给孩子也许是不可能的,但正是因为这一个个不可能,才会成就孩子将来最多的可能。要让孩子在校园中自由成长。教育虽然不能培育天赋,但至少不该成为扼杀天赋的工具。

3. 最好的自己

教育最大的魅力就是让孩子主动积极地、健康地成为最好的自己。教育不是一个生产的工厂,我们不是生产标准件。我们要让每一个孩子成为色彩斑斓的世界中具有独特个性的个体。

五、我们的思考

学校品牌建设应该体现出教育者对教育独特的理解。这种独特的理解才是学校品牌构建的生长点。透过北小、南师附小这两所学校,我们不断地体验到:学校的品牌构建是一代又一代人思想的结晶。而校本研修应该成为学校发展、教师发展、构建品牌的主要推动力,必须围绕着教师的发展、学生的发展、学校的发展而展开。校本研修不仅仅是编几本书、出几本校本课程的问题,它直接指向学校发展的愿景。

一切的教育对我们来说,都是要去研究学生。应该真正地让学生成为校园的天使。无论是从管理还是以课程设置和评价、课堂的变革方面,我们都应该思考一个问题:这有利于学生的发展吗,有利于让学生获得最美丽的童年、成就最好的自己吗?

挂职手记之四
校本研修"三合一"

　　学校的校本研修是推动学校成长的必要途径。来到北小,有幸深入地参与了一系列的校本研修活动。这些活动是从教研活动、课程改革、教师培训入手,将三者融为一体、相互推动的。这些活动目标明确,指向了一线老师的"内需";路径清晰,突出了名师领衔的"创新";反思评价到位,注重了过程实施的"实效"。这些活动有专业引领、同伴交流、个人反思,不断循环推进,在教师头脑中掀起了一次次的"头脑风暴"。印象最深的有全校性的"情智课堂的变革——如何寻求家长的支持"座谈,有"课程,从理念走向行动"团队沙龙,有"课程,儿童成长起跑线"微型讲座。我深切感受到了北小教师队伍的高专业品格、高教学能力、高合作精神。他们以教育科研、课程改革、教师发展为主题,以学校为基地,直面教育中的问题。

　　在全校性的座谈中,围绕主题,主持人首先抛出的就是各个年级、各学科教师的困惑。教师们直言道,在"十二岁以前的语文"校本教材教学时,在孩子们学习《弟子规》内容越来越多的过程中,家长在帮助孩子复习巩固的时候发现识字量差距分化很大,如何给家长提供一些有效的指导。"家长还是偏重分数,怎么办?""时间长了,家长不关注、不响应了,怎么办?"紧接着一些教师和大家分享了自己的成果。有教师说"让事实说话""榜样的示范",有教师说"明确教学变革的要求,争取家校要求一致",有教师说"针对学习细节,短信及时沟通",还有教师说"关注学生的学习,别忘了关注学生的生活。让家长找到精彩的表现,效果比写什么话都重要"……

　　校长听完教师们的讨论后总结道:"老师们,你们都说得太好了!在我看来,群众是真正的英雄,真正的专家是草根,就在民间;教育是用心做的事,鲜活的东西最能打动人;要学一点看似无用的东西,让心灵变得柔软、更善良,追求真善美的东西……"

如此有效的校本研修"三合一",其核心是学校全体教师所共有的专业看法和价值准则。它决定着学校精神的基本格调和整体面貌,左右着学校教育活动的方向,同时打开了师生之间、生生之间、师师之间、家校之间的教育之窗。北小校本研修让我们同行的四人感受到了学校文化的精髓、名校的精神——追求卓越,崇尚一流,不断创新。

走出北小,回望校园的时候,心里总有这样的话在回响:"如果一个人有了理想,平凡就能凝结成不凡。平庸的人一辈子只拥有琐碎,而伟大的人却能用琐碎堆砌成伟大……"

挂职手记之五
走进名校的遐想

弹指二十余年埋头于学校,竟是如此一瞬。听闻一月的时间将尽情流连于美丽的南师大、北京东路小学和南师大附小,一瞬间便充盈着情意舒展、心智放飞。这份欣喜,让我在落叶缤纷的校园里有太多的思绪、沉醉和醒悟。

撂掉所有的家事,搁下忙碌的校务,有些忐忑。有许多的理由推却,但如果错过那将是一种遗憾,于是便有了一种欣欣然的期盼。仰望名师,相遇名校,这是一种情缘;人生的事业,智者相聚,这是一份神意。同行的还有三位女校长。这个生命中的冬季注定会变得更为温暖,我们将携手在南京名校追寻新的教育梦想。

迫不及待来到仰慕已久的南师大附小。当我的目光触及"怀大爱心 做小事情"的校训时,眼前就浮现出了和孩子们在一起总是笑意盈盈的斯霞老师。走进校园,操场、教学楼、雕塑……扑面而来的是不可抗拒的智慧和思想的力量。仅凭一份自己自由的感受与理解,已足以产生对这校园的喜爱。漫步校园,品性的陶熔、文化的自觉、爱心的徜徉使我顿时又多了一层领悟。

说来,北京东路小学的孙校长和我还颇有一些缘分。孙校长曾应邀来我校参加过"鲁皖苏华东三省区小学语文协作交流暨优课评选活动",带来了唯美的诗歌教学和精彩的讲座。间隙,孙校长和我聊起了语文,聊起了教师发展。身为语文教师的我不由得对他们学校的学科建设心驰神往。孙校长对我发出了邀请:有空来北小做客。没想到,机缘来得竟是这般凑巧。欣喜之余,心里更是暗暗感激教育领导的良苦用心。

辗转落脚的"新家",满目白色,干净、温馨,这源自局领导细心周到的生活安排。伴着感怀,放下行李,此时,我们四人的心境完全平静了下来,也丰富了起来。在特定的情境和任务中,我们将获得阔达畅扬的情怀,获得诗性与理性的融合,也将获得理想与务实的熔铸,获得实践与理论的对接。为期一个月的研修,我们将参与教学研究与学生活动,研讨学校管理与教师发展。

在这修炼的境界中,我们四个人必将有所改变,悄然却不乏激荡。靠近名校,发现她如此文静、如此质朴,浅浅地舒展着微笑。在她的濡染熏陶下,我们都将多一份牵挂,多一道涟漪,多一份心灵的呼吸和飞翔。

　　风生水起的梦想追逐,
　　云卷云舒的从容感悟,
　　与你分享南京旅途中的
　　低吟浅唱、开书伏卷、
　　悉心体验、点滴心情
　　……

挂职手记之六
体育教学的文化寻根

在教育界响当当的人物中不乏北小的语文、数学、英语各学科名师。北小的基础学科足以让我们折服,心神向往。但刚走进北小,一下子打动我的竟还有体育教学。北小的体育教学已经突破了传授体育技能、塑造健康体魄的基本模式,而上升为一种综合教学,涉及身体、心灵、意志、品质,表现形式也有团队、个体等诸多方面。

北小非常重视体育教学。课程设置除了每周固定的体育课外,下午专门有30分钟的全校体育特色活动。体育活动丰富多彩,北小的情智体育展示活动更是让人赞不绝口。同行的孙校长眼疾手快,不停地按动快门,留下了许多珍贵的照片。孩子们整齐饱满的进场动作,三年级孩子的功夫扇,五年级孩子的太极拳,高难度的剑操、棍操、啦啦操……孩子们自信愉悦,无不让观摩者惊叹。

课间,我走到北小孩子们的身边,了解孩子们对平时日常体育教学的评价,比如教师对孩子的运动技巧和运动能力的评价。孩子们告诉我,教师通常是用"很棒""很有潜力""做得很努力""再试试,还可以做得更好"等来评价他们的表现的。的确,对每个孩子来说,上体育课首先要从中获得快乐,能在运动中不断要求自己努力做得更好,能乐于与同伴、同学合作。

在北小教师的引导下,孩子们把武术带进了家庭、社区。他们把在学校学到的本领带了回去,教给自己身边的人。这是精神的传播,体现了一所名校的社会责任。孩子们还把武术带出了国门,在出国游学时,联欢表演。那融入血液的东西,是孩子们身份的标志,"魂"的所在。

细细体味武术教学,包含了行为规范教育、心理教育、法制教育、安全教育、人际交往等众多的德育范畴的教学内容。在北小,每个年级的武术课程内容不同,教师根据学生的年龄特点,由浅入深地安排教学内容并循序渐进地推进。

北小的唐校长在介绍"娃娃课程"的时候告诉我们:"北小所有孩子都参与武术特色课程的学习。我们非常重视综合学科,我们在体育教学中找寻文化,让孩子们成为有根的人。"是的,文化的身份来自于历史,来自于孩子们真实的童年经历。

随着城市化进程的加速,新学校越来越多,学校建设也越来越多样化、越来越技术化。学校开始凸显工业化时代的特点,工具性越来越强势。时代呼唤文化立校。让孩子们成为自主、自律、自卫的文化主体,路很长。在文化寻根的路上,北小启程了,我们二小将紧紧追随。

挂职手记之七
一根动心的棒棒糖

怀着"幽藏至景，默沉真金"的心境，却总是对教育充满激情和诗意。努力把教学中的沉淀顿悟，凝练成对课堂的理性而智慧的思考，舒展教学的情意，开阔教育的襟怀。

周一，第一天，我们在清晨花了一个多小时，第一时间赶到了玄武区第六届小学副职校长教学展示——团队研修专场。从事语文教学的我被阶梯教室语文二组团队吸引了。

两节精彩的语文课诠释了语文二组团队研修的主题"聚焦学习方式，凸显学科特质"。对六年级的散文《草原》，教师用"以小见大、以言立学、以学会友"的小研究学习模式彰显了散文文体的特点——形散神不散，真可谓用散文的方式教语文。对四年级的说明文《雾凇》，教师着力在理解的基础上体现语文学科的特质，在学习方式上体现"生长"的教学理念。教师的教学策略一：选择，为生长而教，表现为学习内容的选择、学习伙伴的选择、情感体验的选择。教学策略二：问题，为生长而问，探究学习方式，树立问题意识。

一个多小时的教学展示让我走上了扎扎实实的语文实践之旅。接下来休息的片刻，精彩的校本团队研修短片更是把我这个从苏州来的客人吸引到了第一排，我不停地按着照相机的按钮。刚放下相机，邻座的女教师问道："您好像不是我们玄武区的？""是的，我来自苏州，来学习的。刚才《雾凇》一课您上得真好！""这是我们团队研修的成果。""这篇课文是一课时完成吗？""是的。""哦，容量真大。学生学习方式也发生了改变……"

对话还未结束，主题沙龙研讨又拉开了帷幕。"教师眼中的课堂""学生眼中的课堂""专家眼中的课堂"……好多板块扑面而来。

现场互动开始了。只看见执教《雾凇》的章莉老师和主持人笑着耳语了一句后，主持人便笑盈盈地径直走到我的面前说："我们欢迎来自苏州的校长。在参与我们团队的研修过程后，请您说说您的想法。"

腼腆的我不知道哪来的勇气,接过话筒,面对摄像机和济济一堂的名师大家,从校长和家长两个角度来谈今天的课堂、今天的老师。我也谈到了姑苏语文团队在语文教学中的研修思考:我们在说明文体教学中着重关注学生对文本语言表达方式的体悟,《雾凇》这节课还可以在"为什么而教"上对每一个板块进行创造性地理解和运用,这样,满满的课堂就会留空,让学生有闲庭信步之感。

一股脑儿地说完,自己还没反应过来,主持人笑着递上了一根棒棒糖作为奖励。在这特定的时空,和南京的教师相伴相映,甜甜的糖汁已溶化在每个与会老师的心底,心际也溢满了滋滋的美意。是啊,热爱教学,热爱孩子,总是美美的。

一根棒棒糖,拥有着独特的童心和知心。我们教师善于"懂心",必定能够让教育更令人"动心"。

挂职手记之八
难忘的学生

每一所学校的培养目标都指向培养能够适应未来社会人才需求、全面健康发展的孩子。我想未来学校的竞争重点应该体现在是否具有适合社会各类人才的基本素质需求,同时具有个性化的培养目标。未来人才国际化竞争力的核心是自立精神、共生意识、科学态度、人文情怀和领袖气质。

在北小,在南师附小,常常能遇到和你亲切打招呼的孩子;走进社团,常常能看到认真探究的孩子;参与活动,常常能发现个性飞扬的孩子;靠近风采墙,常常能目睹各色各样的"小院士"。孩子们在学校各项活动中呈现出来的是良好的素养、阳光的性格和出色的能力。这就是名校滋养下成长的孩子,让人喜欢,让人赞赏!

独特的自立精神让人难忘。孩子们有着很强的自主学习的能力。主动地建构、完善自己的知识结构,或动手操作,或沉浸阅读,或歌声飞扬,或创意无限。

热爱科学的态度让人难忘。孩子们对小树叶感兴趣，对南京古城墙感兴趣，对古化石感兴趣，对土壤感兴趣，对气象感兴趣，对电子感兴趣，对植物感兴趣……孩子们认真地探究着，那实事求是的态度、那理性的思维方式、那批判的研究精神都成为孩子们成长的基石。

广泛的兴趣爱好让人难忘。孩子们会画画、会跳舞、会唱歌、会打球、会武术；在走廊上、在篮球架下、在舞蹈房里，随处可见他们活跃的身影，他们在尽情享受童年的快乐。拥有丰富的精神生活，有一定的特长技能，已经成为当代小学生整体素质的重要内容。

出色的领袖气质让人难忘。孩子们在学生课程中可以自己组织课程、自己组织社团、自己开展丰富多彩的活动。学生通过"参议院"自主管理来培养责任感以及团队的包容性和自我牺牲精神。常常是学校给孩子们一个机会，孩子们就给所有人一个奇迹。孩子们以智慧和才情给我们上了生动的一课。

离开北小、南师附小，我们同行的四人常常谈及孩子们精湛的技艺、出色的创意和出众的口才。孩子们思维之敏捷、反应之迅速、口才之伶俐让我们难忘。

孩子是祖国的未来、民族的希望，这是所有中国人的期盼！

挂职手记之九
理想的老师

> 心中理想的老师，应该是一个胸怀理想、充满激情和诗意的老师；
> 心中理想的老师，应该是一个自信、自强、不断挑战自我的老师；
> 心中理想的老师，应该是一个善于合作、具有人格魅力的老师；
> 心中理想的老师，应该是一个充满爱心、受学生尊重的老师；
> 心中理想的老师，应该是一个具有社会责任感的老师。
> ——朱永新教授如此勾画他的教育理想

孙双金校长在谈"情智校园"、谈课程改革的时候，你能感受到那种澎湃的教育激情;但在和我们交流时,又有对教育管理的亲和柔软。闫勤校长执着地把自己的精神和思想融为了南师附小历史上又一个新的高点;而在数学评课时,她专业、严谨的态度分明让我们看到了名师的风采。

张齐华、贲友林、唐隽菁、周卫东、林春曹、朱萍……这些江苏省乃至全国著名的特级教师,也是学校的管理者。管理的学术化让我们看到了他们在业务上的领跑。上好教改课、上好家常课、上好下水课,对他们来说就是一辈子喜欢做的事。他们深深地影响着学校的文化。他们有着自己鲜明的教学主张,无数的课堂鲜明地呈现了他们的教学特征,使他们在教育学术领域内显得那么的与众不同。在他们身上有着深厚的文化底蕴,一流的名师是在默默的坚守中奋斗出来的。

一个月中,在清晨的操场上,在傍晚亮灯的转角处,在下午的娃娃课程场,在教改的生本课堂里,在下午沙龙会上……我们遇见了许多叫不出名字的教师。他们在教孩子阅读,在教孩子唱歌,在教孩子武术、啦啦操,他们在忙着,他们在思考。

他们说:"课堂上要有独立的思考。"

他们说:"要让所有的孩子找到乐趣,在玩中学,在做中学。"

他们说:"小学奠基的语文是摊大饼的教育。"

他们说:"我们的社团都是孩子们的。"

他们说:"孩子们关注什么,我就研究什么。"

他们说:"我喜欢孩子自己去探究,哪怕是一个错误的结果,也让孩子自己去发现。"

他们说:"我们觉得我们的生本课堂是正确的,哪怕一下子还不够理想,我们还想坚持。"

他们说:"十二岁以前的课程,要有生活的味道、探究的味道、儿童的味道。"

他们说:"我的美术课堂是开放的、全纳的、实践的……"

他们说:"斯霞老师就在我们身边,我们在向着爱的幸福出发!"

这一张张脸,是那么的生动、美丽。理想的教师在哪里?答案就在一个个有个性、有追求、有着深透的教育思考的普通教师身上。我们羡慕着,仰望着,也追随着!

挂职手记之十
打开教育之门

临界虽有边,学海却无涯,大爱更无际。感人文之美,敬生命之珍。这是一种追求,以这样的心境引领我们走进安宁,感知人性的淳厚,还原生命的本真。淡淡幽香满校园,纯纯情怀萦心间。

"我们的教育要向四面八方打开,向家长打开,向自然打开,视野就宽泛了,教育才会有希望……"孙校长如是说。的确,在北小的这些日子,始终感受着他们包容开放的办学襟怀。

教师的资源是有限的,打开教育之门可以有几种途径。一可以让家长周五进课程。一个家长就是一个窗口,当家长走进教室的时候,他的孩子最开心,对家长来说也是一种提升。活动由家长事先报名,再由全校系统安排。二可以请社会人士进校园。可以是社会名流,也可以是普通劳动者,来谈他们的人生、谈他们的追求。每一位到来的"客座教师"都是某一方面的专家能手,不仅带来了不同领域的知识,也带来了各种鲜活的生活体验。对于孩子们而言,生活变得更加多元可感;对于老师们而言,也是人生观、世界观和价值观的一次次丰化和重塑。

再观南师附小,与北小竟有异曲同工之妙。南师附小信奉"没有围墙的教育""教材不是唯一的教育资源"的课程观。闫勤校长带领教师一同创设了"基于童心,行于爱心,臻于生长"的"三色"课程;除了高质量地做到国家课程的校本化实施外,还开设了包括阅读银行、思想方法课和形体课的"主色课程",以及包括访学护照、附小儿童节和俱乐部活动的"亮色课程";在丰富多彩的课程实践中,努力让干瘪的课程变得丰满起来,让抽象的课程变得生动起来,让统一的课程变得多元起来。他们不是"孤军奋战",而是借助外力,突破教育的围墙,利用一切可以利用的社会教育资源,为孩子们的生长发展服务。于是,他们的教育就呈现出了更宽泛的广度和深度。

收回眼眸,回想我们二小的前行之路,庆幸我们建校初的想法竟与两所名校不谋而合。校园面向社会开放,让群众走进学校,也使学校走向社会,把以往"围墙式、封闭式"的校园变为"开放式"校园,全面展示校园建设以及教师员工良好的精神风貌,映射学校水文化特色办学理念"包容兼济"的教育核心,共建一个"和谐温馨"的幸福家园,一直是我们的追求。

"从校园开始,一切都为了学生",这是我们二小在构建最佳教育资源共享系统时的理念。将校园的一切教育资源放在一个"优质教育"的理念中进行整合。为了学生的全面发展,为了"素质教育"的"立人"主旨,我们开展了许多学生无比喜欢的兴趣活动。学习在这样的教育资源共享中提供了快乐享受和好奇诱惑,学生在这样的教育资源共享中享受到了优质的教育。

相比两所名校,我们的探索才刚刚起步,但他们成功的示范更坚定了我们继续前行的勇气和信心。我相信,他们明媚的今天将是我们充满希望的明天。

所有的教育都是相通的,或许所走的路径不同,但只要方向正确,执着地往前走,行动必有收获。

挂职手记之十一
素衣金陵道的随想

素衣风尘,行走在南京古城遍布古木的林荫道上,穿梭于高铁、地铁的风驰电掣中,细闻着光阴的味道,流年的声息竟是如此快地从眉间滑过。一路风尘,把故事背负肩上。

南京是一座古城。岁月的老墙承载着斑驳的记忆,时光将它们一片片剥落。六朝古都的盛世年华,给这座城市平添了几分皇家的贵气。但念及曾发生在这里的劫难,又满眼多了几分肃穆。历经沧桑,铭记伤痛,却始终坚强地向前行走,城如此,人亦然。在南京,我只是流水光影里飘过的一粒沙尘,也许转身,它就忘记我是谁。可我,始终会留下一双心灵的眼睛,坚守它古老的美丽。

南京城终年被古木环抱着。深秋初冬，阳光友善宽容，忙碌了一个夏天的树木，枝叶依然茂盛，随着寒风来袭，树叶飘落，也极富诗意。枫叶红得那样醉人，似要将生命的热情尽皆显现出来，坠落时却悄无声息，无人知晓；银杏叶一树金黄，坠落时如蝴蝶纷飞，留果实累累；法桐叶不枯，落地有声，覆满马路，像是给地面蒙上一层厚厚的地毯，轻踩而上，那咯吱咯吱的声响仿如和着你心头的欢愉在轻轻哼唱。

与古城、古木遥相呼应的还有老校。成立于20世纪初的南师附小，绿树成荫，环境幽雅，教学大楼宽敞明亮，教育设施日趋完善。历经百余年的风风雨雨，沉淀下的是对教育的真知。从当年的斯霞老师到今天的闫勤校长，学校思考的始终是如何向着"爱"的幸福出发，使教育与"爱"同行。因此，时至今日，学校名师荟萃，已成为教书育人的理想场所。北京东路小学也已走过了半个多世纪，校园内树木葱茏、绿草如茵，庭院式的校舍别具一格，五幢教学楼错落有致，由回廊联成一个整体。诗意的环境，诗意的教育。由孙双金校长领衔的"情智教学"，将语文教学凝练成了艺术，留下的是"美丽的课堂""诗意的语文"。两所学校无愧于"中国名校"的盛誉。

我是那个朴素的女子，安静地走在教育的路上。岁月流去无语，心里却留下许多有声之歌。累了倦了，品品歌声，一定能绽放微笑，在温暖的尘世中拥有如花的幸福。归去的路是来时的路，亦非来时的路，因为心路已丰满：

信步一场盛会，渡船一汪清水

一路风尘，追逐属于心灵的原乡

一路高歌，明月照亮沉醉的夜空

云聚云散，花开花合

淡远宁静，徐徐前行

……

挂职手记之十二
邂逅一段醇美的时光

伴着瑟瑟的北风,为期一个月的南京挂职学习如期圆满地画上了句号。我们一行四人带着沉甸甸的收获和无限美好的回忆再次回到了自己原来的生活轨迹中。虽然我们的生活方式不会有太大的改变,但是在这次学习中,我们对教育有了更深的理解,对原来自己的教学、管理工作都有了更多的反思,对未来无数"平凡的日子"充满了更多的期待。一切没有终结,只是站在了一条新的起跑线上。

细细回味这些天的所见、所闻,点滴感怀尽汇于三句话中:

教学之美,源自不懈探求

初到南京,初入北小,眼前的校舍实在没有半点让人惊异之处。要论硬件条件,我们这里的校园环境远远要甩开它不知几许。然而我知道,就是这样一所毫不起眼的学校里却是藏龙卧虎、人才辈出,所以不敢心生丝毫不敬。在接下来与它的亲密接触中,它也果然未负盛名,没有让我们失望。名校的魅力首先从教学中显现出来,引得我们驻足徘徊,流连忘返。

依然清晰地记得第一天的情景:

当我们于第一时间赶到玄武区第六届小学副职校长教学展示——团队研修专场时,从事语文教学的我一下子就被阶梯教室语文二组团队吸引了。

两节精彩的语文课极好地诠释了语文二组团队研修的主题"聚焦学习方式,凸显学科特质"。

一个多小时的教学展示让我走上了扎扎实实的语文实践之旅。吸引我的不只是精彩的教学,更是弥漫在会场里的浓浓的教研氛围。来自玄武区的教学团队的教师们围坐在一起,就语文教学的种种展开了热烈而又细致的探讨。这里谁都不是主角,谁又都是主角,每个教师都能就关心的问题提出自己的思考和见解。无论认识与否,无论职位高低,在会场里,在教学研讨中,他们完全是平等的、熟稔的、有共鸣的。眼前的一幕,让我恍若回到了"百家争鸣"的时代,但这"争鸣"之间又是那么和谐,有着一种惺惺相惜的默契和感动。连我这旁观者也忘却了名师当前的羞怯和惶恐,情不自禁地融入其中,欣欣然参与到了话题的讨论中。一切是那么的自然,又是那么的纯粹。这种对语文的热爱、对教学的痴迷就这样在空气中氤氲着,笼罩并感染着在场的每一个人。

无怪乎他们一所学校就能出那么多响当当的名师,不管是语文还是数学乃至体育教学,都呈现出一种别样的美。这美,不是"花枝招展的娇俏",而是透着"洗尽铅华的淳朴"。哪怕是在这样的时代,一支粉笔、一本书、一块黑板、一张嘴,依然能让课堂熠熠生辉。我想,正是对教学的不懈探求,才成就了这个区域、这所学校、这些名师的无穷魅力吧。

事情哪怕再小,若做到极致,也便不平凡了。这是一种追求,更是一种信念。

人情之味,彰显教育本真

北小和南师附小办的是"人"的教育,这是这两所学校留给我的又一记忆。

"我们的教育要向四面八方打开,向家长打开,向自然打开,视野就宽泛了,教育才会有希望……"孙校长如是说。的确,在北小、南师附小的这些日子,始终感受着他们包容开放的办学襟怀。教师的资源是有限的。打开教育之门,打造"没有围墙的教育",两所学校的做法有着异曲同工之妙。他们将视线投向生活,善于向社会借力,充分发挥一切优质教育资源的作用,拓宽教育的深度和广度,给孩子的成长提供更多的舞台和可能。这才是真正为孩子奠定明天人生行走的支撑。

想起他们的教师,那一个个胸怀理想、充满激情和诗意的教师,那一个个自信、自强、不断挑战自我的教师,那一个个善于合作、具有人格魅力的教师,那一个个充满爱心、受学生尊重的教师,那一个个具有社会责任感的教师……他们就是我们理想中的教师!

他们说:"课堂上要有独立的思考。"

他们说:"要让所有的孩子找到乐趣,在玩中学,在做中学。"

他们说:"我们的社团都是孩子们的。"

他们说:"孩子们关注什么,我就研究什么。"

他们说:"我喜欢孩子自己去探究,哪怕是一个错误的结果,也让孩子自己去发现。"

他们说:"我们觉得我们的生本课堂是正确的,哪怕一下子还不够理想,我们还想坚持。"

他们说:"十二岁以前的课程,要有生活的味道,探究的味道,儿童的味道。"

他们说:"我的美术课堂是开放的、全纳的、实践的……"

……

这一张张脸,生动、美丽;这一句句话,掷地有声。这是蹲下身子和孩子们一般高的"大孩子"说的大白话,这是耐着性子、享受着陪伴孩子成长的"大朋友"追求的境界。在纷繁喧嚣的闹市之中,能守住那样一份心底的宁静,坚持那么一种淡然的从容,轻轻道一句:"孩子,你慢慢来",是多么难得!

或许正因为有那样优秀的老师,才造就了那样精彩的孩子。良好的素养、阳光的性格和出色的能力,这就是在名校滋养下成长的孩子所具有的特征,让人喜欢,让人赞赏!

在孩子们身上,你会发现独特的自立精神。他们有着很强的自主学习的能力,主动地建构、完善自己的知识结构,或动手操作,或沉浸阅读,或歌声飞扬,或创意无限。

在孩子们身上,你能看到其对科学的孜孜以求。他们对小树叶感兴趣,对南京古城墙感兴趣,对古化石感兴趣,对土壤感兴趣,对气象感兴趣,对电子感兴趣,对植物感兴趣……他们认真地探究着。那实事求是的态度、那理性的思维方式、那批判的研究精神都成了他们成长的基石。

在孩子们身上,你会感叹其兴趣爱好的广泛。他们会画画、会跳舞、会唱歌、会打球、会武术;在走廊上、在篮球架下、在舞蹈房里,随处可见他们活跃的身影,他们在尽情享受童年的快乐。拥有丰富的精神生活,有一定的特长技能,已经成为当代小学生整体素质的重要内容。

在孩子们身上,你必赞赏其出色的领袖气质。孩子们在学生课程中,可以自己组织课程、自己组织社团、自己开展丰富多彩的活动,通过"参议院"自主管理来培养责任感以及团队的包容性和自我牺牲精神。常常是学校给孩子们一个机会,孩子们就给所有人一个奇迹。孩子们以智慧和才情给我们上了生动的一课。

教育是什么?是给生命一段慢慢生长的时间,是给孩子一个自由发展的舞台,是聆听孩子心底的声音,是尊重"十指有长短"的现实,是带着微笑静等花开的守望……

科研之路,成就品质飞跃

从生动的教研实践到严谨的学术探讨,他们始终走着一条不断延伸的路,这就是科研之路。是科研,成就了名师;是科研,造就了名校;是科研,提升了品质。

北小的"娃娃课程"是娃娃自己的课程,有娃娃科学院、娃娃参议院、娃娃国学院、娃娃国学院等,并且一直在充实、在丰富。这是多年来北小教育人智慧的结晶。

如北小人说的那样,"娃娃课程"得力于天时、地利、人和诸多因素。但相信这样的课程改革都有学校的价值取向在支撑。学校的每一项改变都是因为认为有必要才去做的,这就是价值取向。学校课程是传承,是超越;是包容,是创新;是为了一切孩子,是为了孩子的一切!

在北小、南师附小的日子里,再次确信了学校的校本研修是推动学校成长的必要途径。他们的校本研修活动是从教研活动、课程改革、教师培训入手,将三者融为一体、相互推动。如此有效的校本研修"三合一",其核心是学校全体教师所共有的专业看法和价值准则。它决定着学校精神的基本格调和整体面貌,左右着学校教育活动的方向,同时打开了师生之间、生生之间、师师之间、家校之间的教育之窗。

如何从品质走向品牌,是一直萦绕在心头的问题。来北小、南师附小,是一种追随,也是一种聆听。细细探究了解两所学校的品牌建设,无不经历了校园环境课程"场"的建设、教育理念的不断更新、管理文化的不断完善、课程变革以及教学方式的改变。两所学校都在历史与现代化发展中完善办学特色,在本土和国际化的融合中找到了平衡点。

  名校的品牌是如何构建的?通过这一个月的观摩学习,答案在我心中越来越清晰。我的脑中再次回响起那句话:"所有的教育都是相通的,或许所走的路径不同,但只要方向正确,执着地往前走,行动必有收获。"

教学篇　水之韵　低就高来真性在

文化传统和传统文化
水韵课程与教学变革初探

继承、弘扬与发展优秀传统文化,是今日基础教育语文课程的核心任务之一。2014年教育部印发了《完善中华优秀传统文化教育指导纲要》,明确提出"加强中华优秀传统文化教育,是构建中华优秀传统文化传承体系,推动文化传承创新的重要途径"。正在修订中的高中语文课程标准也将"文化传承与理解"作为语文核心素养的重要组成。因此,在当下的学校教育中,进一步深入讨论如何更好地继承传统文化具有十分重要的意义。

其实,传统文化的继承一直是学校语文课程的重要任务之一。但是,近些年来由于各种原因,我们在推进传统文化进校园时往往过于急躁,同时缺乏有新意的实践与探索,常常采用最为"简单""直接"的方式,比如遍地开花的"经典诵读"。这种"继承"的方式当然有一定的效果,尤其在某些场合的展示,能够获得不少"好评"。但是笔者认为,对这样的继承方式,我们需要有所警醒:我们让孩子读的是不是经典?孩子们是不是喜欢,能不能接受?不少孩子一进小学,就要完成每天的背诵任务,苦不堪言。我们如此生硬的灌输,是拉近还是疏远了孩子与经典的距离?苏教版小学语文教材主编朱家珑先生曾鲜明地表达过一分担忧:"民族文化传统的继承与创新精神的培养关键在于我们继承了什么,以及如何继承的问题。……如果对这种精华的继承是通过死记硬背、机械训练的方式获得,那么这样形成的基础,无疑是阻碍创新精神的基础。"[1]

由此可见,在文化继承这一具有现实意义的问题上,我们做得还不

---

[1] 朱家珑. 传承与创新:论小学语文课程的文化品性——兼谈国标本(苏教版)小语教材的文化观[J]. 教育理论与实践:学科版,2007(10):8-11.

够好,还有需要拓展的空间。但在此之前,必须要找到当前问题的症结,因此需要分析这一困境背后的深层原因。

一、"传统文化"的两重含义

对于机械背诵式的继承方式,我们不禁要探问其背后是怎样的"传统观"。因为按照这一思路推理,似乎可以得到这样的结论,即继承优秀的传统文化就是记得住一些古典典籍的原文表述,能够说出表达传统文化的语句。可是,真的是这样吗?背诵、记忆并不是继承优秀传统文化的唯一方式,甚至可能不是最为重要的方式,那怎样的方式更为有效呢?

机械记忆的方式背后是"静止的传统文化观念",它将传统文化视为故纸堆里的内容。我们唯有突破这一静止的文化观,才能找到新的切入口。在此,我们需要对"传统文化"和"文化传统"做一简要的辨析。著名文化史学家庞朴先生对此的一段阐述,很有借鉴价值:"文化传统与传统文化不同,它不具有形的实体,不可抚摸,仿佛无所在,却无所不在,既在一切传统文化之中,也在一些现实文化之中,而且还在你我的灵魂之中。如愿套用一下古老的说法,可以说,文化传统是形而上的道,传统文化是形而下的器,道在器中,器不离道。文化传统是不死的民族魂。它产生于民族的历代生活,成长于民族的重复实践,形成为民族的集体意识和集体无意识。简单说来,文化传统就是民族精神。"①

由此可见,仅仅凭借一种静态的、知识性的传统观念,文化是不会形成可传下来的"统"的。可传之统必定有某种更为深在的东西导引,这大概就是庞朴所谓的"民族精神"的部分。而这种深在的民族精神是无法仅仅通过背诵、记忆实现内化、自觉的。

鉴于此,我们对于传统文化的继承应当有两个维度的理解:一是"教什么",即选择哪些优秀的经典供学生学习;二是"怎么教",或者说是"引导学生怎样学"。前者关注的是内容和结果,后者关注的是方式

---

① 庞朴.文化传统与传统文化[J].科学中国人,2003(4):9-11.

和过程。缺失了后者,前者将成为无本之木。因此,当下我们有必要在文化继承的方式与过程上做一些尝试性的探索。

二、水韵课程建设的尝试

1. 水韵文化校本的主题选择

我校之所以选择水韵文化开展校本课程建设,推动传统文化的继承,主要基于两方面的考虑。

(1) 水文化是中华文化的母体,具有丰富深广的文化内涵。传统文化中对于水的阐释,多寻求水性在精神层面与人性的相通。传统文化中的水,包涵智慧之意。孔子说:"仁者乐山,知(智)者乐水。"南宋理学家、教育家朱熹曾对孔子的"智者乐水"做过如此解释:"智者达于事而周游无滞,有似于水,故乐水。"这就是说,明智的人为人处世很通达圆融,很灵活变通,与水性相似。水还是最高境界的善德。老子在《道德经》第八章中说:"上善若水。水善利万物而不争,处众人之所恶,故几乎道。"最高境界的善莫过于水。因为水善于滋润万物而不争利,它往往停留在众人不喜欢的低洼沟渠等地方。所以水最接近于自然的道德标准。不言而喻,要想成为具有高尚道德的人,就应效法水的这种滋润万物而不争的无私奉献精神,学习水的甘居低处的谦虚品格。正因为如此,在中国传统的文学和哲学思想中,水不仅贯穿其中,还具有源头的思想价值。从哲学层面看,水文化是中国文化的母体文化。中国水文化的哲学是有其自身特点的:以观水的直观性,启迪哲学文化的人生观、世界观,阐述人格的魅力;以察水的联系性,升华哲学文化的特质观、辩证观、思维观;以治水的实践性启发哲学文化的规律性、发展性、能动性。① 在中国的文学史上,水的地位也是至高无上的。如果缺少了水,那么一部中国文学史就会变得失血失魂。如果没有水,中国最早的诗集《诗经》和《楚辞》,则一大半不复存在。

(2) 学校拥有丰富的地域性水文化资源。苏州有"水乡"之称,古运河则是苏州肌肤上脉动的血管,是"水乡"的重要载体。沧浪区因

---

① 潘杰.以水为师:中国水文化的哲学启蒙[J].江苏社会科学,2007(6):102-104.

"沧浪之水"而得名。因此,我校在水文化的继承方面,有着得天独厚的优势。沧浪区拥有着众多的古代文化地景,古代优秀的传统文化成为这个地区的区域精神,也成为这座城市的襟怀。"沧浪之水"以她丰富的文化内涵浸润着一代代的"沧浪"子民,又以自己浓郁的文化底蕴培育着新世纪苏州人的品性。

由此,我们选择了水韵文化作为继承传统文化的切入口,并将其作为当下语文课程与教学变革的重要文化资源。语文课程是民族性很强的课程。语文课程教学的改进需要从民族性的思想智慧和思维方法中去开掘资源。带着这样的思路,我们展开了学校的语文课程变革。

2. 校本课程群建设

基于以上缘由,学校围绕水韵文化,积极建设校本课程群。此处"课程群"的含义包含两方面:一是内容丰富,形成课程集群;二是课程实施形式多样,形成教学方式集群。

就课程集群来说,目前学校围绕水韵文化逐步形成了以下三种课程系列:① 基于校园文化的致远课程系列,主要包括"水世界"阅读课程;② 传承苏州文化的清和课程系列,内容以传承苏州地方文化为主,包括苏州的方言、童谣、传说等;③ 传承中华传统文化的若水熏陶课程系列,包含诗、词、曲、赋、小说、民俗等十二门子课程,精选适合小学生阅读的内容,加以教学性的阐释,拉近与学生的距离。这样的课程内容设计,从身边的传统文化逐步过渡到民族的优秀传统文化,从口耳相传的民间文化逐步过渡到成文成典的经典文存,让学生在与传统文化逐步亲近的过程中,生出喜爱、亲近之情。

所谓教学方式集群,意指这些立足于传承优秀文化的校本课程并非都以阅读、讲授为唯一教学途径,而是采用多种渠道互补。比如,最初形成的水韵校本课程是以阅读为主的课程,在学生有了一定的阅读量之后,逐步开设与之相应的实践类活动性课程,例如走访苏州的大街小巷,触摸民间的方言,了解人们对方言保存的看法,搜集一些日渐消失的语词并加以整理,形成研究报告,与同学交流。这其中既有文字的阅读,也有与他人的交往。学生们将所见、所闻、所想下笔成文,在与他人的合作中,加深对传统地方文化的理解。而对于距离相对较远的中华传统文化,则通过朗诵展演、课本剧、演讲、故事新编等形式,调动学生积极性。这种活动性课程并不是局限于校本课程的范畴,而是试图联合国家课程,将故纸堆中的符号加以活化,融入孩子们的日常校园生活。所以说,这些校本课程群与国家课程并不是平行不相交的两条直线,而是相互补充、相互促进的。我们希望借助校本课程群的建立能够推动国家课程的改革。这一点尝试,我们也是从水韵文化校本课程开始的。

3. 教学变革策略

水韵校本课程不仅具有建构课程内容层面的意义,还有教学变革的方法论意义。就语文课程来说,从传统文化中开掘出的水文化启示,比如"简约、大气、平实、智慧"的教学智慧,有助于摆脱"字词句篇、语修逻文"的机械训练以及完全否定语文知识的误区,以一种与书法、绘画相一致的具有民族特性的思维方式,从水的流动性与生成性去理解动态的语文教学。这对于改变语文教学的现状具有一定的指导意义。

比如,水文化中的"上善若水""善渊""善任"等"水德"思想对课程目标的设置有一定启示;"就下""利万物"有助于我们进一步匡正对为孩子打下怎样的语文基础问题的认识;"无为而无不为""生而不有,长而不宰"有助于进一步改变烦琐分析的教学现状;等等。有了这样的思想基础,我们就可以试着从文本、言语实践活动和教学行为背后的文化内蕴三个层面改善已有的课堂教学内容。

第一,从水的"就下""利万物"的启示出发,深入领会基础教育阶段"儿童视角"的重要性,将"国家课程"转变为每一位教师的课程。居高临下的教学无法走进学生的心灵。要深入研究教材,将体现国家意志的法定课程与学校的具体情况及教师的个体差异相融合,在教学中进行深度的开发,形成更为贴近学生的校本、师本课程,将教师个体的风格、品质融入其中。笔者曾主持研究教材创造性解读的省级课题,与学校课题组教师一起,初步完成了从"国家课程"到"教师课程"的转变,在这一基础上,我们还需要更加深入地研究教材内容,在创造性解读的基础上向前推进,力求站在学生的立场上,进一步将法定课程进行二度、三度开发,使其更适合本校学生。

第二，将静态的教材内容转变为动态的师生经验。教材内容需要经过教师的设计，转变为课堂上丰富活跃着的言语实践活动。这是一种体验性的教学内容，它不仅融入了教师的创造性理解和开发，还融入了学生的个性建构。这种言语实践活动的变革可以有多种类型和指向，比如为了积累的言语实践、为了理解的言语实践、为了交际表达的言语实践、为了精神建构的言语实践等。

第三，注重发掘教学的文化影响力。"教什么"固然影响着学生文化世界的建构，但"怎么教"一样有着重要影响。一个教师看待问题的眼光，有没有批判思维质疑精神，能否保持一种学习的心态，对生活有无无限的热情，等等，都会在教学中通过他的言行间接地影响学生的精神世界。因此，在改革课堂教学时，我们既关注教师教学行为在知识传授中的作用与价值，也关注这些行为对学生精神世界可能产生的影响。

三、我们的愿景：活的文化继承

我们期望通过自己的努力，走出一条新的继承优秀传统文化的教学路径。文化继承在今日学校教育中应当有自己独特的路径。古代已存的精神文化都可视作属于人类总体的价值和精神，它们都揭示了人类生存与发展中的一些本质，但是只有"当它所揭示的类本质和类价值具体展现在特定时代的社会普遍精神和心态中，才能找到同社会现实进程的直接的契合点"[①]，否则只能作为纯粹的类本质、类价值而以知识的形式存在。真正能够继承下来的往往是一种精神性而非知识性的东西，是一种无形的思维方式和一种能够持续创造文化财富的能力。这种精神性的、无形的、非知识形态的、活的继承，是本文力求提出的一种继承方式。

我们期望通过自己的努力，改善母语教学的现状。一段时期以来，"借鉴"外域的教学思想和方法来改变本土的课堂教学成为一种"共识"，但往往收效甚微或者适得其反。这跟母语的民族特性密切相关。我们应研究"活的文化继承"的思路，放弃那种单一的以借鉴为主的改

---

① 衣俊卿.文化哲学十五讲[M].北京：北京大学出版社,2009.

善教学的方式,以传统文化继承为基本语境,遵循民族文化一脉相承的路径去寻找改善的道路。因此,我们要从继承与发展传统文化的思想渊源出发,寻求一种民族化的教学改进思路。这是一种文化创作的思路。继承传统、改造传统、借鉴西方的思想等,这些事情看起来是相互分离的甚至还会有冲突,但在理想状态下,它们应当同时在做一件事情,就是思想的创作与更新。如果不能将传统文化与西方思想相互融合,那么思想的拼盘就显得很零碎,也不会有什么好的创造,只能够在最细枝末节的地方加以解释、重复、修补。

我们还期望从动态而非静态、整体而非部分、建构而非传递的视角讨论教学的变革问题。这种整体性、连续性的视角有助于改变当前教学研究领域中一些片面的观点和看法,为教师的教学研究提供一个新的视角。

构建更多更开放的评价策略
新课程理念的作文评价解读

新课程标准颁布以来,人们越来越重视评价的改进与调控功能。许多教育评论家认为,评价最主要的功能不是证明,而是改进。作文教学必须有强烈的开放意识,而这种意识的关键是教育者转变观念,即有大语文观的观念,对学生少做规限,让学生进行创造性地写作,写出自己的真情实感,写出童心童趣,感受写作价值,增强写作兴趣。

一、作文评价存在的问题

作为一名小学语文教师,最头疼的莫过于评价作文了。我们把许多时间花在了作文批改上,但收效不佳,这已是事实。归结一下,主要有以下几个方面的问题。

(一)评价角色单一

平时教学中,一篇作文写完后,由语文老师一人进行评价。这样带来的弊端是:教师个人主观性比较强,往往符合教师口味的就能取得好的成绩,反之则降了等级。这种评价不利于激励学生的写作积极性,尤其对一些视角独特、构思新颖的学生来说更是起到了负面作用。长此以往,学生便会迎合老师的口味来写作,认为写作文只是为了完成任务,是为了得到一个好成绩。

(二)评价过程单一

当前对学生的评价基本上是一次完成的。这种对作文的评价,从本质上说还是为了判定等级差异,不利于学生写作水平的提高,更不利于学生个性的发展。这和新课程坚持以学生发展为本、注重发挥学生的主体性作用是有差距的。

(三)评价方式单一

在作文评价中还存在用一个标准去衡量所有学生的文章的情况。

其实,通过新课程的学习,我们已经认识到,学生之间在知识、思维品质、兴趣爱好、想象理解等诸多面都存在着差异,所以在尊重个体、因材施教上还有待于我们去思索、探究。

二、作文评价的策略

小学语文新课程标准指出:对学生的评价要有利于激励和促进学生语文水平的发展。对小学生作文的评价则是提高作文素质的重要一环。在教学实践中,需要用创新的意识构建开放的作文评价策略,把作文评价的过程变成学生不断提高作文能力,促进其健康心理、人格发展的过程,使学生真正成为习作的主人。

在作文评价方面,我们做了以下尝试。

(一)确立更多的读者群体

作文是文学作品,是需要读者来欣赏的。教师虽然是学生的重要读者,但学生还可以请父母、同学、邻居等来阅读自己的作品。

1. 读者——同学

我们提倡开放式的作文教学,创设了师生之间、生生之间多向的活动氛围,在关注个性发展的同时,引导学生合作、探究学习。作文评价这一环节也是如此,例如在作文初稿完成之后,可以采用小组协作方式进行学习,互相讨论修改。小组成员可以是同桌,也可以是班级中其他任何一个成员。学生在读文、评文的过程中,作文能力得到了提高,同时学会了倾听,学会了一分为二、实事求是地看待他人。这促进了学生健康人格的发展。

2. 读者——家长

学校教育和家庭教育是紧密相连的,渗透在教育的每一个环节中。作文评价活动中,教师可充分调动家长的积极性,请他们做孩子的读者,对作品进行评价。家长还可和教师共同探讨作文教学改革的问题。家长成为孩子忠实的读者,还可以促进他们之间和谐的沟通,使教育更加完善。

(二)确立趣味式评价方式

作文教学中一切评价应是促使学生以成功者的良好心态进入后续

学习的动力,而绝不是找学生的漏洞,更不能单用分数来评价学生。因此,老师的评价着眼点应立足于有利于每个学生的发展,建立起学生喜欢的、带有趣味性的评价方式。在作文批改中,笔者进行了如下尝试。

1. 提醒式批改

叶圣陶说过:"文章要修改,学生只有学会自己改的本领,才能把文章写好。"因此,要留出空间,让学生自己发现。

例如,作文中学生经常把一些常用字词写错。出现这些情况往往是学生笔误、粗心等原因造成的。这时教师不要简单地画错,而应该把这些错误放到有趣的活动中去纠正,让学生在活动中发现错误的原因,以引起学生对问题的重新思索。这样的方式在实践中更容易得到认可。

2. 帮助式批改

根据小学生的心理特点,他们喜欢模仿成人,所以请他们当小老师,进行同桌之间或小组同学之间相互改正作文中出现的病句。学生对此很感兴趣。他们或低头冥思苦想,或大声争辩,对语言文字的理解、领悟就在这不经意之间得到了锻炼。同时,大家对批改优秀的学生及时给予鼓励。例如作文训练时,我让学生对修改后的作文进行评价,如为什么这么改,这一句加进去你觉得有什么好处,结尾这样改的用意是什么,说说改过后的优点是什么,等等。教师相机点拨,让学生知道"改"的"所以然",可提高他们的批改能力。而教师在整个过程中的角色,仅仅是教学活动的宏观管理者和学生学习困难的解答者或引导者。

3. 特色式批改

我们在评价学生作文时应考虑到学生的写作态度、实际水平等各个方面,由挑毛病变为找闪光点,对构思新颖、视角独特、具有创新思维的作文给予加分的评价,这样才能体现评价的真正价值。例如教学中,我在批改时给予了一定的特色加分。只要学生肯修改、改得好、有效果,就可以取消原有分值,并给予新的分值。有一次,一位学生来要分时,他说:"这次习作虽然写得还不够生动,但是我的字比以前书写认真,另外,修改后语句通顺了很多,老师我能得优秀吗?"听完,我立即在作文本上打了一个"优秀"。学生高兴的心情无以言表。这种特色式批改能使学生尝到成功的喜悦,用更积极的心态去盼望下一次的作文评价。

综上所述,用新课程的理念来构建开放的作文评价策略适应了时代注重学生创新精神、创新能力发展的趋势。小学语文教师应带着时代赋予的使命感,在作文教学领域这一园地里发挥潜能、努力实践,让学生的创作力绽放出绚丽多彩的花朵。

(本文获江苏省学会论文二等奖)

在方法和规范中学会主动习得

对 2011 版课标识字写字教学的解读

陶行知先生说过:"好先生不是教书,不是教学生,乃是教学生学。"在如今快速发展的信息时代,只有"学会学习"才能求得生存、获得发展,才能与时俱进,取得终身获益的教学效果。

《义务教育语文课程标准(2011 版)》对识字写字教学的相关内容修订了 20 余处,转变了汉字教育的理念,明确提出了"喜欢学习汉字,有主动识字、写字的愿望"和"初步感受汉字的形体美,学习独立识字"(第一学段),"对学习汉字有浓厚的兴趣、养成主动识字的习惯有初步的独立识字能力"(第二学段),"有较强的独立识字能力"(第三学段)。在识字教学中为了达到"教是为了不需要教"的目的,重要的是培养学生主动识字的兴趣,以"习惯""方法""能力"的培养为重要目标,使学生主动体会和认识民族文化。

一、培养识字写字的习惯

从小学开始,从第一节语文课开始,每个语文教师就要树立教学生学习语文的意识。在识字写字的教学环节中把培养学生喜欢汉字的情感与态度放在首位,使他们在潜移默化中、在点滴熏陶中感受汉语言文字的魅力。

1. 主动学习汉字

在多年的课堂实践中,我们发现,不能把识字数量作为衡量教学价值的唯一标准,关注学生识字的兴趣、培养学生主动学习汉字的习惯显得弥足珍贵。首先,教师可以通过古汉文字的演绎,介绍一个民族文化物化的积淀过程,让孩子们有主动探究的愿望。其次,教师要引导孩子们走进生活,看看菜谱、逛逛超市、看看电视、玩玩游戏等,让孩子们在所有喜欢的活动中找寻物化对应的汉字,形成主动学习汉字的习惯。

再次,教师通过优美的粉笔字、流畅的钢笔字和刚劲的毛笔字为孩子们树立榜样,促使学生将模仿内化为积极学习汉字的动力。

2. 规范书写工具

在小学阶段孩子一开始接触识字写字时,教师和家长比较容易忽视的就是孩子规范的书写工具,而这样的细节将对孩子产生很大的影响。比如一、二年级学生用铅笔(可根据孩子书写的轻重,选择合适的浓淡适宜的铅笔),三年级以上学生用钢笔或毛笔。小学学习阶段不提倡学生用圆珠笔写字。另外要教导孩子尽量不用橡皮、修正带,培养孩子落笔正确、书写专注等良好的习惯。

3. 强调写字姿势

在日常教学中,教师越来越重视加强对学生的书写指导,培养学生的写字习惯。尤其是在第一学段,几乎每一节课教师都安排了一定时间的写字练习。在这个过程中对学生强调写字姿势,始终把培养学生良好的书写习惯放在首位。如通过儿歌的方法提醒孩子:一打开本子,二拿出铅笔,三垫好垫板,四挺起腰杆,五认真书写。教师喊数字,学生边做边说,在相互提醒中,保持正确的写字姿势。

二、掌握识字写字的方法

细读 2011 年语文课标,不难发现"认写分流""多认少写"的理念。这就让我们认识到,每教一个字,认、写、讲、用不必追求整齐一致,可根据汉语言文字本身的特点有所侧重。根据不同的学段,我们在实践过程中积累了许多有效的识字写字的方法。

1. 编歌唱读法

在"多认少写"的理念下,我们发现对第一学段孩子最有效的方法就是抓实练习基本笔画、基本部件、基本结构,在此基础上运用大量的编歌唱读进行识字写字的学习。例如"辫"字,笔画繁多,形近字很多,在教这个字时可教孩子们学唱四句顺口溜:左右两个辛,绞丝在中心,左右辛字稍变样,一竖变撇要记清。编歌唱读,既利用熟字带生字掌握了新知,又简化了学生识记汉字的学习过程。而且通过这首儿歌,能让孩子们举一反三,同时学会"辩""瓣""辫"。其他很多形近字的学习都可以用这样的方法。

2. 触摸体会法

有很多汉字孩子觉得很难写、很难记。其实对这些字的学习可采用触摸体会的方法。例如上课时,教师请学生上台用舌尖舔一下糖。学生的感受是很甜。教师请大家观察后,左边写上"舌",右边写上"甘"。教师问学生刚才舔得多吗?学生的回答是舌尖上舔了很少的糖就感到很甜了。于是教师告诉学生"甜"字的写法是左窄右宽。学生自己触摸食物、直接感受,比死记硬背要好得多。再例如,在学习"饱满"一词时,可让学生到食堂观察触摸带壳的毛豆,体会饱满的含义,充分调动学生的各种感官,掌握有效的学习方法。

3. 据义想象法

进入第三学段,学生识记的生字词越来越多了。我们在教学过程中常常发现对有些形近字,学生的辨识错误率很高。如何改变这一现象?我们采用据义想象的方法,有了很好的突破。比如"商"字和"滴"字,同字框里的部分很容易混淆,学生难以记忆和书写。于是,教师抓住课文中"商"字原指买卖人,告诉学生一般商人都特别能说会道,就像是一个人长了八张嘴!这样,在比较、联想中有效地区分了看似相似的生字之间细微的差异,培养了学生自己思考、展开联想的学习能力。

三、形成识字写字的能力

识字写字只是一个人语文能力发展过程中的一个阶段。要在小学阶段培养发展学生的语文能力,就要先培养他们的自学能力。

1. 对比辨别力

2011年语文课标明确要求:"掌握汉字的基本笔画和常用的偏旁部首,能按笔顺规则用硬笔写字,注意间架结构。初步感受汉字的形体美。"这就需要引导学生在写字过程中注重书写行为,而不是写字知识。同样一个汉字,有的左窄右宽,有的左宽右窄;有的上大下小,有的上小下大。要把不同结构的字都写得好看,仅仅依靠田字格是不够的。我们需要引导学生自觉地把间架结构相同的字进行对比辨别,掌握一类字书写时的安排、搭配,努力做到合理与匀称。

2. 观察领悟力

生活即学习。教师把一盆快枯萎的花儿放在讲台上,让学生观察并用一个词进行形容。孩子们都说这是快"枯萎的"花儿,并表示了惋惜。教师动员大家想办法救救它。孩子们都说要给花儿浇水。于是第二天再看,花儿开始"有精神"了。孩子们继续关心,并有了很大的观察兴趣。几天下来,花儿有了生气。孩子们在教师的引导下,明白了植物需要水才会滋润、有生命力。在观察中,学生牢牢地领悟了词语的意思,并学会了运用。

3. 视听欣赏力

现代化教室里都有多媒体设备,这就给教学带来了许多便利。学习到《我应该感到自豪才对》一课时,文中出现了"呼啸""一阵阵狂风呼啸着吹来""漫天风沙席卷而来"等词句。教师对此无须讲解,学生们自己通过视听创设的不同场景,就能准确地学会课文中要求掌握的词句。教师请学生们用视听欣赏这种能力学习生活中更多的字词。学生们拿来青海湖的照片与大家一起欣赏,理解"浩淼"一词等。学生自主学习的课堂气氛活跃,学生们始终处于兴趣盎然、情绪饱满的状态。尤其可贵的是,这样的识记字词的能力,也为长远学好语文奠定了基础。

"好先生不是教书,不是教学生,乃是教学生学。"带着陶行知先生这样的思想,我再次捧起2011年语文课标,对其中热点的识字写字教学便有了更加清晰的解读。

书山有路"趣"为径

从常规教育入手解析语文教育策略

人们常以"书山有路勤为径"作为劝学的格言。作为一名小学教师,我更欣赏一个"趣"字。因为只要对学习感兴趣,你不叫学生"勤"他也会勤,即所谓乐此不疲。切实提高小学生的语文能力,还要关注的教学策略那就是训练严格。俗话说:"严师出高徒。"这是被实践证明了的真理,我想大家深信不疑。

一、学习习惯"趣"中练

一年级的老师们,你们班的常规抓得怎么样呀?现在的课堂能有序地进行吗?孩子们知道课堂规矩了吗?你的学生拿放物品能听指挥了吗?他们有想要认真倾听的意识了吗?这些与学习习惯有关的教育,在开学第一天,苏教版新教材就安排了以上教学内容。而对于如何有效实施,我做了一个有心人。根据孩子的年龄特点、学习习惯,我采用了浅显易懂的系列趣味儿歌,在新生入学的第一天进行教学,孩子们顿时对新的学习生活产生了好奇心。同时在反复的诵读中,在教师多形式的评比下,孩子们形成了先入为主的鲜明印象。这也为以后的有效教学奠定了良好的基础。

二、发现问题"趣"中纠

教师在教学中要注意教学反馈,发现学生语文学习上的问题时要及时进行分析,加以总结,决不能放过。一方面要向学生指出问题所在;另一方面,也是最重要的方面,要进行补救性的练习。大家知道,字写不好的最重要的原因是训练不严格。曾有一位特级教师,她教的学生人人都写得一手好字。问其原因,她说:"写字教学没有诀窍,就是严格要求,激发兴趣,严格训练。"我从中备受启发,于是采用讲故事、评比勤学苦练本、选选写字小能手、看我进步大、登上展示台等方法,一方面让学生积极争先,另一方面发现写得不规范者,不姑息迁就,批评、鼓励并举,这样学生的写字水平有了较大的提高。

三、自主学习"趣"中激

苏教版新教材的词串识字是一个亮点,它是以特定的时空物事为中心,选定相关词语,包含要学的生字,按意义连接,组成词串,再分行排列,末尾押韵,形成一篇朗朗上口的"小韵文"。那一串串词组都具有鲜活的力量,能使学生在识字中获得美好的情感体验,感受祖国语言文字的优美。它具有识字、认知、审美、铺垫等多重功能。这全新的教学目标和内容,我们每位教师都必须深刻领会其编写理念,运用全新的方法进行识字教学。我在识字教学中做了一些以"趣"激发学生自主学习热情的尝试。如借助拼音,自学生字词。学生已初步具备认读生字的能力,把主动权交给学生,有利于调动学生识字的积极性和创造性,培养学生识字的能力。我认为可以按照这样的程序自学生字词:首先让学生借助拼音,结合观察字形,初步认读生字;然后让学生连词认读,展开想象,还可以结合看情境图,联系生活经验,初步了解字义,如词图对照、认知事物。在学生能正确辨识字词的基础上,让学生按照自己对词义的理解去观察画面,从图中找出词语所指的具体事物;通过音乐厅等实地感受,加深学生对词语的理解和体验,让学生享受到审美的乐趣。

四、困难学生"趣"中抓

每个班级都会有学习困难的学生。我认为,无论对高年级还是低年级,都要注意从基础抓起,进行基本的训练。不少青年教师对学生往往采取头疼医头、脚疼医脚的办法:不会写字,就只练写字;不会造句,就拼命练习造句;不会作文,就天天写日记。岂不知,越是困难的学生越是应当开阔他们的视野,越应当创设条件让他们多读书、多观察、多说话。例如,我对我班的这类同学布置了一项作业——看课外书。对他们从不降低要求,同时要求读书时必须发出声音读。抓住了读这个最基本的环节,一段时间后,他们的说话、写字能力就有了较明显的提高。中医看病讲究"辨证施治",农民种田讲究施基肥,对困难学生也必须从根本上抓起。

我们要让语文教学有趣,让学生在快乐的课堂教学中体验多彩绚丽的语文。我相信那"书山有路趣为径"的美好意境就在我们身边,而每一位学生的学习态度都将演变成"路漫漫其修远兮,吾将上下而求索"。

循序渐进　勤于训练

小学语文阅读教学概括能力的培养刍议

概括能力是语文能力的一个重要方面。学生的语文概括能力是语文教学特别是语文阅读教学中应着重培养和训练的。本文将具体谈一谈如何在小学语文阅读教学中培养学生的语文概括能力。

一、语文概括能力的概念

何谓概括？学者认为："所谓概括是属于抽象逻辑思维中的一种思维过程和思维方法。它借助于语言来实现。它以具体事物为基础，运用概念、判断、推理，经过由繁到简、由现象到本质的抽象思考加工，在思想中撇开事物的非本质属性，从而反映事物的规律、本质和内部的联系。"[①]在人类的思维活动中，概括是个极重要的环节，没有概括，人们对万事万物的认识就难以抽象成概念，人们的思维也就无法进行，因此概括能力的培养是思维能力培养的重要方面。那么何为概括能力呢？有学者认为所谓概括能力是"人类由感性认识上升为理性认识必需的一项能力，是逻辑思维能力中的核心能力，是中小学时期各科都要培养的主要能力"[②]。由此可见，概括能力是抽象思维能力的一个重要组成部分，是衡量个人思维品质的重要标准。

语文概括能力是概括能力的具体体现。有学者将语文概括能力概括为："能分析归纳文章的内容要点和中心思想，分析文章的结构，分析概括作者在文中的观点态度，最后用简明扼要的语言把所读的内容

---

① 丁允玲.论语文活动中的概括能力[J].烟台师范学院学报：哲学社科版,1992(2)：94-96.
② 徐玉华.中学语文教学应该注重对学生概括能力的培养[J].基础教育,2002(3)：69-70.

准确表达出来的能力。"[①]作为概括能力的一种,语文概括能力既具有概括能力的共性也具有个性。共性指的是语文概括能力是一种抽象思维能力,也是一种由繁到简、由现象到本质的抽象思考加工能力。而语文概括能力的个性就在于:语文概括能力所处理的对象并不是具体的事物,而是相对较为抽象的语言文字。相对于具体的事物而言,语文课程内容是抽象的语言文字,语言文字是对具体事物现象的一种抽象化表达。具体而言,语文概括能力面对的处理对象是由抽象的语言文字所编织成的具有内在自足性的语言文字共同体。在此共同体中有思想、结构、观点态度等内容,这些内容是通过语言文字承载的更为抽象的内容。语文概括能力不仅要求概括,还要求将概括的内容用简明扼要的语言准确地表达出来。这就要求概括者不仅要有很强的抽象思维能力,同时还必须有较佳的语言表达能力。

二、培养语文概括能力的意义

培养语文概括能力的意义之一就在于语文概括能力是语文能力的一个重要方面,是阅读教学中尤其需要关注的部分。

培养语文概括能力的意义之二在于对概括能力的培养是促进儿童思维能力发展的重要推手。众所周知,小学阶段是儿童思维由以形象思维为主向以抽象思维为主转变的时期,发展儿童的抽象思维能力是语文教学的一项重要任务。

培养语文概括能力的意义之三在于培养概括能力是促进儿童语言运用能力的一种有效方式。概括要求必须以简洁扼要的方式将内容表述出来,这对儿童的语言运用提出了挑战。通过持久的概括表达训练可以锻炼儿童的语言表达能力,并以此促进儿童对语言的运用和控制能力。

三、语文概括能力的培养

培养学生的语文概括能力主要是依靠语文阅读教学来进行的。

---

① 周远瑞.读写相长——阅读教学中概括能力的培养[J].新课程研究,2010(6):153-154.

(一) 先期研究综述

如何在语文阅读教学中培养学生的语文概括能力已然纳入了学者研究的视野,众多专家学者已经对此做出了一定的研究与考察。在具体展开本文的讨论之前,笔者以为有必要先对此前的研究状况做一回顾。

1. 从写作视角出发的培养路径

有学者认为培养学生的语文概括能力应从以下七个方面入手:① 捕捉眼睛,统领全文,即抓题眼,解剖课题,窥斑见豹。② 理清思路,分清结构,即通过阅读段落学会概括构段方式,理清结构条理,体会句子之间的前后联系和逻辑顺序;同时通过阅读全文理清文章思路,弄清作者谋篇布局的方法,体会作者构思的思维过程。③ 体悟感情,明了中心,即了解文中主要任务在事情发展过程中的情感历程,通过选择和判断分析概括作者文中的观点和态度,领会作者的写作意图。④ 倾听重点,概括转述,即在日常教学中随时注意对学生概括能力的培养。⑤ 揣摩写法,读写迁移,即除了概括内容之外,还要感悟和概括表达的方法,实现读写迁移。⑥ 抒发感受,点评批注,即通过批注式学习,边阅读边尝试在句段旁做批注,或针对课文结构、写法以及写作效果,或针对文章的情感、思想观点等。⑦ 思维导图,提纲挈领,即以图形、线条、关键词的连接使复杂的文字变成简洁清晰的形象图形。① 以上观点主要论述了培养语文概括能力的操作程序和步骤,具有非常强的操作性。

2. 以不同目标为对象的培养方法

还有学者认为培养学生的语文概括能力可以从以下三个方面入手:① 概括内容,可采用列小标题、缩写、限字概括等方法。② 概括主旨,即将主旨相同或相近的具有一定共性的文章内容放在一起,进行归纳概括,形成一个系统。③ 概括写法,即运用各种方法将零散的知识加以归纳概括,形成对某种事物的完整认识。② 上述观点主要是从界

---

① 夏江萍,倪叶倩.刍议语文教学中概括力的培养[J].江苏教育研究,2013(29):52-54.
② 周远瑞.读写相长——阅读教学中学生概括能力的培养[J].新课程研究,2010(6):153-154.

定概括的对象来谈如何培养语文概括能力,提出了语文概括能力主要针对的是文章的内容、主旨、写法三个方面的内容。

3. 立足学段的渐进式培养步骤

有学者则认为培养学生的语文概括能力要遵循一定的顺序与基本方式,应根据不同年级教学要求,遵循从一段话到整篇课文的顺序培养概括能力,首先可以是一段话的训练,在概括一段话的基础上进行几段话的训练,最终进行一篇文章的训练。

训练概括能力的基本方式是:① 概括段意与主要内容。② 编写与运用提纲。③ 复述大意或故事梗概。

培养语文概括能力的策略是:① 层层拓词,培养概括能力。② 前勾后联,培养概括能力。③ 捕捉要点,培养概括能力。④ 巧理层次,培养概括能力。⑤ 猎关键词,培养概括能力。⑥ 化文为意,培养概括能力。⑦ 回环照应,培养概括能力。① 上述观点提示我们在培养学生的语文概括能力时要注意分阶段、分层次予以培养,并据此制定相应的教学策略。

4. 基于文体的不同培养方式

还有学者从教材中文体类型的角度提出了培养语文概括能力的方法,认为应基于文体类型选择概括方法。该学者基于小学教材中的文本基本都属于记叙、说明类文体,提出了罗列要素、连缀段意及删除冗余三种训练概括能力的基本方法。所谓罗列要素,即先找出文本中的各个要素,然后将各个要素连缀起来的一种训练学生概括能力的方法。这种方法主要针对记叙类文本的概括。所谓连缀段意,指的是在整体把握文本大意的基础上,先将文本每个段落的段意概括出来,然后将段意连缀起来概括文本主要内容的方法。所谓删除冗余,指删除与文段要点无关及多余的信息,用一个上位术语代替一组同类项目,用一个下位术语代替一系列具体事件,最后整理出主要内容的过程。② 上述观点提示我们,在培养学生的语文概括能力时要注意不同文体类型的区

---

① 肖俊宇. 重视培养学生的语言概括能力[J]. 福建论坛,2011(3):34-38.
② 陈革文. 加强小学生第三学段语文概括能力培养[J]. 课程教学研究,2013(4):37-41.

分,注意针对不同文体采用不同的概括训练方式。

回顾此前对于如何培养学生的语文概括能力比较有代表性的观点,这些观点分别从不同角度对如何培养语文概括能力做出了探索,对本文的讨论深有启发。本文将在此基础上尝试做进一步的申述。

(二) 培养概括几步走

1. 明确概括要求

笔者以为培养语文概括能力必须首先明确要求,即要概括到什么程度?结合相关研究和实际教学经验,本文提出概括的两大基本要求:简洁,全面。

"简洁"是概括的基本特征,既然是概括,就是化繁为简,就是过滤掉一些不必要的细节和次要因素,只保留最重要、最精华的部分。换言之,概括的内容应该是简洁的。如果可以量化的话,简洁的标准就是概括的内容应该在所概括内容的百分之三到百分之五之间,只有如此才算是达到了简洁的标准。"全面"是概括的基本保障,概括应是一种"全面"的概括而不是"片面"的概括。在学生的实际操作中我们经常会发现这样的情况,学生为了达到简洁的要求(通常此类概括问题都有字数的限制),不恰当地忽略文中的一些内容,而这些被学生选择性忽视的内容有很多都是相当重要的。换言之,学生在满足概括简洁要求时无法做到全面,学生的概括往往只是对文章某一部分的概括抑或是对无关紧要的内容的概括。因此在培养学生的语文概括能力时首先必须明确两项要求:简洁和全面。要求学生在进行概括时要随时对照这两项要求,看看自己是否做到了既简洁又全面。

2. 清楚概括内容

有学者将语文概括能力表述为:"能分析归纳文章的内容要点和中心思想,分析文章的结构,分析概括作者在文中的观点态度,最后用简明扼要的语言把所读的内容准确表达出来的能力。"[1]在此表述中概括的内容涵盖了文章的内容要点、文章的中心思想、文章的结构以及作

---

[1] 周远瑞.读写相长——阅读教学中概括能力的培养[J].新课程研究,2010(6):153-154.

者的观点态度等。这是一种非常笼统、宏观的定义,并非所有的概括都必须涉及上述几个方面,在实际操作过程中须根据要求有所侧重。比如当要求概括文章的主要内容时,学生的概括就应该侧重于文章的内容要点,顺带提及中心思想;如果要求概括作者的观点态度,则侧重点是作者通过文章表现出来的观点态度而无须提及文章的主要内容。

3. 培养概括能力的推手

(1) 提供可量化的标准。用量化指标来衡量简洁、全面,具体要求就是概括的内容应控制在被概括内容的百分之三至百分之五之间,最终的概括结果为两三句话,最多不超过四句话。

(2) 学会审题。审清题目是进行概括的前提。只有在明确概括要求之后,才能根据要求选择概括的侧重点。

(3) 分清文体。不同文体在进行概括时其侧重点也有所不同。在小学阶段需要运用概括能力的文体基本都针对记叙文和说明文,还有少量议论文。各种文体的特点是不同的。记叙文有所谓"六要素"之说,在概括时就可以从记叙文六要素着手;说明文主要是运用说明方法说明一件事物,包括事物的外貌、习性、特征等,在概括时就可以从说明对象的这些方面着手;议论文则主要运用议论方法来论述一定的道理,且议论文的结构是相对固定的,包括提出问题、分析问题和解决问题,在概括时就可以从这三个方面着手。因此教师在阅读教学中要对相关文本有意识地进行文体区分并介绍相关文体的特征,以便学生在概括不同文体的文本时有所侧重。

(4) 循序渐进。在训练学生的概括能力时可以按照"节—段—篇"的顺序进行训练。首先可以让学生尝试着概括一个小节的大意,然后尝试概括几个小节组成的段落的大意,最终让学生概括整篇文章。通过这样的训练逐步培养学生的概括能力。同时通过这样的训练也向学生传达了一种概括的方法,即通过节意的整合概括段落大意,通过段落大意的整合概括整篇文章的大意。

(5) 掌握一定的技巧。概括是有一定技巧的,而技巧来源于对文本的解读和研究。具体而言可以从以下四个方面入手:① 抓住课题。题目是文章的眼睛,课题一般都会提示文章的主要内容、中心思想或作者的观点态度等,这对于概括文章有着重要的参考价值。② 抓中心句。一般而言,课文的每一段都有一句中心句,每一段的内容都是围绕着中心句展开的。通过中心句的连缀就可大致概括文章的主要内容。③ 抓关键词。所谓关键词,是指文章中能够概括文章主旨、解释文章中心、展示文章脉络、标示句段关系的词语,如果能够抓住关键词,那么无疑将对文章的概括起到提纲挈领的作用。④ 抓过渡句。过渡句又叫承上启下句,过渡句往往是对上文的总结和对下文的引起,在文中起到串联文意的作用。对过渡句的解读也将有助于我们对文章主要内容的概括。

(6)勤于训练。要熟练掌握语文概括能力就必须勤加训练。教师要在阅读教学中有意识地训练学生的概括能力,同时在学生进行课外阅读的过程中也可以让他们对所读内容进行概括,比如教师可以要求学生用简要的语言复述文章的主要内容等。

综上所述,要在阅读教学中培养学生的语文概括能力,不是一朝一夕就能达成的,需要教师根据学生的学段特点,有意识地渗透各种方法,创设各种机会给他们练习。

用童心感悟真情

小学生诗性阅读的可能与实践

小学生语文阅读能力和习惯的培养始终是小学素质教育的中心课题。在当今的社会环境中，小学生的课外语文阅读能力和习惯的培养面临诸多考验和挑战。网络的发展，手机的普及，动漫的泛滥，名目繁多、令人眼花缭乱的培训班，都在侵袭着本属于小学生的语文课外阅读的时间和精力。笔者在语文教学中，发现课堂上个别学生常常发呆，问及原因，他昨天看了一个晚上的动漫。每个语文教师都在思考这个问题：如何能实现《全日制义务教育语文课程标准》中规定的学生要"具有独立阅读的能力，注重情感体验，有较丰富的积累，形成良好的语感"。笔者长期从事语文教学，根据小学生的特点，对如何提高学生课外阅读的语文阅读能力做了一点探索，我称之为"诗性阅读"。

一、"诗性阅读"的理念基础

所谓"诗性阅读"，就是把阅读的作品当作诗一样来阅读，以诗的童心去感悟作品、体验作品，和作品融为一体。整个阅读过程是开放的，通过情绪感染，鼓励每个学生在阅读中发挥主体积极性。这种阅读是诗性的，是情感的参与和投入。它没有严格的逻辑顺序，重点不放在字、词、句的研究上，追求对整体情感的感悟，使学生形成良好的爱读书的习惯。

"诗性阅读"是建立在这样的阅读规律认识基础上的：一是语文阅读的每篇文章都是美文，有情感的魅力，有温度，可以感染人，让人动心。苏州著名作家陆文夫说过，文学作品是鲜活的生命。只有用心去叩动，动了心的阅读才能刻印到心里，才能积累，这是阅读的客观规律。没有情动的阅读是面包干式的阅读。这种阅读，学生主体萎缩，比较被动，效果就打折扣了。二是小学生的阅读能量和创造力是无限的。尽管小学生掌握的词汇量还不够丰富,识字有限,阅读障碍较多,但是据笔者的实践经验,有的小学生甚至能阅读长篇作品。有一次,我看到一位学生在阅读曹文轩的《草房子》,我就问他,书里的字都认识吗。他回答,遇到不识的字就跳过去。这种跳过去式的阅读是小学生阅读的一个特点。看起来是不求甚解,实质是他在情感上受到感染,刻印到心里,于是就产生了阅读效果。只要学生在情感上被作品迷住了,他的阅读能量就能被最大限度地激发出来!三是"诗性阅读"的关键是再现情景,激发情感,诱导参与。情感的参与,变被动为主动,这一切都符合小学生的特点和规律。

二、"诗性阅读"的关键是激发学生的阅读兴趣

"诗性阅读"要求教师必须具备诗性。教师是"诗性阅读"的主导者、组织者,因此,"诗性阅读"效果如何,关键是教师要有阅读兴趣,自己必须迷阅读,把阅读当作诗意的享受。当今提倡诗性绿色生活,"诗性阅读"就是诗性绿色生活的实践。教师必须有这样的认识,才能积极主动地去组织"诗性阅读"。教师在组织学生诗性阅读时,要选好阅读作品。这些作品既要配合课本教学,又要适合阅读,在文体上应该以诗、散文和童话中的美文为主。最主要的,教师对阅读的作品必须能够诗意地投入,自己对作品必须先动情,或喜,或怒,或怨,或悲,才能激发学生的情感。比如在组织学生朗读高尔基的散文诗《海燕之歌》时,我就充满激情,描述暴风雨来临时的壮丽景象,让学生领会课文最后的"让暴风雨来得更猛烈些吧"的战斗激情,使学生身临其境,以充沛的感情来阅读,效果就很好。"诗性阅读"要达到最佳效果,教师和学生必须同步。自己心如止水,焉能激起学生汹涌的诗意波涛?

"诗性阅读"应该鼓励保护学生阅读的积极性,不应该预设"清规戒律"。我在组织学生阅读高尔基的散文诗《海燕之歌》时,有的学生提出疑问:"在现实生活中,暴风雨是灾难,人们极其惧怕和厌恶,为什么高尔基的呼喊'让暴风雨来得更猛烈些吧'应该肯定呢?"我首先肯定了学生的反应,再指出,对散文诗的诗性理解不能用形式逻辑来解答。暴风雨有灾难的一面,但它也有荡涤一切污泥浊水的气势。高尔基正是用暴风雨来寓意革命的洗礼。当学生能够诗意投入，阅读就会变得无限生动、气象万千。我们要的就是这样的效果。所以，组织学生"诗性阅读"，老师不必规定一个共性的答案，也不必要求形成共识。诗性阅读应该重在宏观的情感体验和场景的再现，不必拘泥于词句结构的局部探究，关键是让学生迷上阅读，增加他们的阅读量，开拓他们的阅读面。学生迷上阅读，这是最好的阅读习惯。

"诗性阅读"的重点应该放在导读上，设"疑"引导是开发诗性的联想和意象的有效良策。比如在五年级上册《蝉和狐狸》的教学时，我就用设"疑"的办法来引导学生阅读《龟兔赛跑》《谁的本领大》《狼和小羊》《狐狸和乌鸦》。我设计了一连串的疑问：蝉和乌鸦面对狐狸的欺骗，为何蝉能识破骗局，而乌鸦却被骗了，我们对骗子该如何防备？乌龟和小羊都是弱者，为何乌龟胜利了，小羊却失败了？设疑是利用小学生好奇的阅读心理，激发他们进入作品的场景，在疑问中探究世界，开发他们诗性的联想和意象。

三、"诗性阅读"的策划和实施

1. 正确处理和课堂教学的关系

"诗性阅读"是课堂教学的延伸学习活动，既要配合课堂教学，又不能被课堂教学束缚，要保持一定的自由度。因此在策划"诗性阅读"时，有时可以顺课堂教学之势来安排。如二年级（下册）里的两首古诗都是描写"春雨"的，我就顺势选择写"夏日""秋风"或"冬雪"的古诗组织"诗性阅读"。这样的延伸阅读，既丰富了课堂教学，又扩大了阅读量。"诗性阅读"还要照顾年级特点，由浅入深。"诗性阅读"又应该相对独立，弥补课堂教学的空白。切忌"诗性阅读"形式化。

2. 找准最佳切入点

"诗性阅读"应该寻找最佳切入点。最佳切入点必须是能够激起学生"诗性阅读"的情感引爆点。因为课堂教学以单元来呈现，单元也往往形成一个主题，所以，能够配合单元主题的内容就是最佳切入点。比如三年级（下册）中，有一个单元的领头文章是《我应该感到自豪才对》。课后我就让学生推荐表现自豪的诗文，选了有代表性的几篇，组织了一次"诗性阅读",请有所推荐的同学各自激情朗读自己推荐的文章。当时的课堂气氛非常热烈。由此可见,在寻找最佳切入点上,应该灵活机动,针对学生的特点。

3. 营造情感氛围

教师在"诗性阅读"前,要善于鼓动,以富有激情的语言对学生阅读作品进行情感引导。"诗性阅读"必须情贯始终。以往的语文教学比较重视字、词、句和篇章结构的分析,这当然是需要的,但是常常忽视对情的感染和滋润。这方面我们应该学学那些推销商,他们几句话就把全场气氛调动起来了。"诗性阅读"开始前,教师鼓动的话应该要讲到学生心坎上,和学生互动,把至少百分之九十的学生的情绪调动起来,把气氛搞得浓浓的,就能达到诗性活动效果了。

4. "诗性阅读"应该以发现作品的美作为最后归宿

发现是一种创造,发现是一种品位。发现不要求全面,只要学生有一点发现,哪怕是零碎的、粗糙的、片面的,都要满腔热情地肯定。诚然,对学生的发现不要期望过高。有发现固然好,没有发现也要坚持"诗性阅读"。持之以恒,必有成效。

5. 方法要多样

再理想的方法,多次重复也会引起"审美疲劳",败坏学生的"胃口",挫伤他们的阅读积极性。每一次的"诗性阅读"在方法上不能重复,要根据不同作品的特点,使阅读变得丰富多彩,让学生擦出阅读的火花。

用心　用情　多元　实践

探寻解读文本正确价值观的路径

美国学者拉思提出：每个人都有自己的价值观，每个人都按他个人的价值观行事，学校教育的根本任务在于抓住正确的价值观，发展学生的道德意识、判断和选择能力。小学教育要让孩子们在理想、道德、情感、意志等诸多方面得到精神的浸养，从而在选择的过程中，提高自身的道德水准，确立正确的人生价值观。就拿苏教版语文教材来看，六年十二册，包含几百篇美文，其中丰富的人文内涵对学生精神领域的影响是深远的。

一、文本反映传统的主流价值观

在小学语文教材中，所选列的文章多是反映生活中的真善美，用积极的、健康的视角去观察生活，以培养学生良好的道德品质和思维情感。这属于传统的主流价值观。

如三年级(上册)《掌声》这篇课文，讲述的是小英在受到了同学们给予的两次掌声后所发生的转变。文本解读时，紧紧抓住"掌声"这一线索，引导学生去发现掌声前后小英的不同表现，感受掌声给小英所带来的巨大触动，从而进一步领悟掌声背后的深刻含义。学生们真切地感受到了支持、鼓励、赞美对于身处困境的人来说是多么重要，并且能由课文联系到自己的生活实际，对曾经帮助过自己的人心怀感激，对身处困境的人伸出援手。

再如五年级(上册)的《少年王冕》一课，"勤"和"孝"是贯穿全文的两条线。学生通过"读、思、划、品、写、谈"等系列活动产生思维的碰撞，不断丰富并深化对人物的解读，在推敲语言文字表达之精当的同时，感受王冕身上具有的美好品质，认识到"勤奋"和"孝顺"是我们民族的传统美德，在今天依然应该得到发扬。课文把主流的价值观透过文字传递给了学生,让他们受到了熏染和浸润。

二、文本反映发展的多元价值观

随着信息时代的来临,外界多元的信息渠道对孩子们也产生了巨大的冲击。他们不再是闭塞的、被动的接收者,他们对于世界也有了自己的看法。这就要求教师们在对文章主旨的把握上更多元、更开放。事实上,在课文的阅读中,教师应该给予孩子们更多的自主权,只要是合理的见解都应予以肯定和鼓励,不再局限于教参的唯一。

以三年级(上册)课文《三袋麦子》的教学片段为例:

师:同学们,小猪、小牛和小猴这三个小伙伴,你最喜欢谁的做法,为什么呢?

生:我最喜欢小猴,因为它很聪明,很能干。

生:我也喜欢小猴,它把麦子种到了地里,一袋麦子就变成了一囤麦子,由少变多,太聪明了!

(师赞许地点头,又有学生举手)

生:老师,我觉得小牛的做法也很好啊,它朴实、节俭,先把家里剩余的粮食吃完,把好东西留下来慢慢享用,到了第二年还有一半呢。

生:对,而且小牛特别勤劳,经常把麦子搬出去晒晒,防止它发霉,也看出来它对于这一袋麦子特别珍惜。

生:小猪也有小猪的可爱,虽然它一下子就把麦子吃光了,但是也不能说它做错了。而且它在说到那袋麦子的时候还"舔了舔嘴唇",似乎还在回味,让人觉得它特别憨厚可爱。

……

就这篇课文而言,虽然说大人们的普遍想法是小猴的做法最有远见、最明智,但孩子的眼光和我们不尽相同,他们觉得小牛和小猪的做法也没啥不好的,小牛的省吃俭用体现出它的朴实,小猪享受了各种美食不也是一件挺快乐的事情么。甚至可以这么说,大多数的孩子在生活中就是那只"小猪",因为它处事的简单、直接最符合孩子的天性。的确,我们可以带领孩子认识到,对于同一件事情可以有不同的处理方式,并且会因选择方式的不同而带来不同的结果。至于应该选择什么样的方式,可引导孩子们去发现和判断。

再来看一个人教版第九册课文《落花生》的教学实录:

师:刚才同学们通过阅读,已经知道文章是将花生、桃子、石榴、苹果作对比来告诉我们做人的道理的。那么,你长大了准备做像花生一样的人,还是准备做像桃子、石榴、苹果那样的人呢?为什么?

生:我准备做像花生一样的人,因为花生虽然外表不好看,可是很有用。

生:我也准备做像花生一样的人,因为它默默无闻、不求名利,不像苹果、石榴那样只知道显示自己的美丽。

生:我反对,苹果、石榴并不是只知道显示自己,事实上它们都很有营养,不能说它们就没有作用啊!

(课堂上开始出现不同的"声音",学生的思维被激发了,活跃起来)

生:没错,苹果、石榴挂在枝头并不是代表骄傲,它们是在表现自己、展示自己、让人发现,这有什么错吗?

师:你的意思是它们高高地挂在枝头不是炫耀,只是一种展示自己的方式?

生:是的。落花生是旧时期的观念,苹果、石榴是21世纪的观念。如果像落花生那样默默奉献、不讲体面,大家都会瞧不起你。应该让大家看到你的好处,才能得以重用,所以我觉得应该做像苹果、石榴一样的人。

生:我觉得不是体面不体面的问题,而是如果你不能被人发现,那怎么实现自己的价值呢?

生:我认为现代社会需要知识和能力,但如果不将知识和能力像苹果那样挂起来让别人看到,也是没有用的。

师:大家说的不无道理。以前是"酒香不怕巷子深",在今天可能还是需要广告、需要包装的,一定程度上的"王婆卖瓜"还是可以的。

生:既然这样,为什么父亲还要我们做一个像落花生那样的人呢?

师:作者的写作背景是在中日甲午战争爆发后,清政府的腐败使台湾沦为日本殖民地。作者许地山的父亲出于爱国之心,毅然抛弃家产,携全家回福建定居,过着清贫的生活。父亲教育子女为人做事要踏踏实实而不求虚荣。在当时的年代,人们不能也不可能讲什么体面。

师:请大家注意课文中说的是"不要做只讲体面而对别人没有好处的人",这里有一个"只"字。其实父亲是希望子女能像落花生那样脚踏实地、甘于奉献,做一个对社会有用的人,而不要只是追求外表的体面。

生:老师,我觉得落花生的这种奉献精神是无论什么时候都需要的。

……

课堂上学生对落花生和苹果、石榴的看法各持己见,都非常精辟,都应加以肯定。随着社会和时代的变迁,我们的价值观发生着变化,对于文本的解读也呈现出更加开放、更加多元的趋势。正像学生说的那样,在现代社会,或许真就要像苹果、石榴那样勇于展现自己,才能被人发现,才能占有一席之地,不致被淹没在人海之中。无论是张扬的还是内敛的,都是一种生活状态,只是个人的价值取向不同而已。尊重多元就是尊重生命,才能让每个人真实、精彩。

对于我们语文教师而言,需要更多地去思考和实践如何将文本传递出的这些主流的价值观用最佳的多元路径让学生去用心解读。相信也只有不断地改变教学方法、教学策略,用新课程理念去建构我们的课堂教学,原本"一言堂"式的文本价值解读模式才会渐渐淡出,取而代之的将是"百花齐放"的"春色满园"。

三、用孩子活跃的对话解读文本正确的价值观

语文阅读课上呈现的是学生、教师、文本之间的对话过程。新课程标准指出:语文课程丰富的人文内涵对学生精神领域的影响是深广的,应该让学生在主动积极的思维和情感活动中加深理解和体验,有所感悟和思考,受到情感熏陶,获得思想启迪,享受审美乐趣。

针对六年级(下册)中的课文《孔子游春》有这样一个精彩的教学片段:

师:水与真君子之间有哪些相似的地方?

生:"水奔流不息,是哺育一切生灵的乳汁,它好像有德行。"我认为水是生命之源,不论是人类、动植物,还是其他生物,离开了水,都无法依存。

师:那你觉得水和真君子有什么相似的地方?

生:都有种奉献的精神!

师:说得好!水哺育着天下万物,君子呢,对社会、对他人有所帮助,他们都具有高尚的道德。

生:"水穿山岩,凿石壁,从无惧色,它好像有志向。"从这句话中,我感受到水非常勇敢,勇往直前,哪怕是前面有坚硬的山崖和石壁。君子也有这种品质。

生:我还想补充一点。我们都学过滴水穿石的故事,我觉得水还有恒心、毅力,永不半途而废。这也是君子应有的行为。

师:是啊,君子和水一样有志向,遇到艰难险阻也不退缩。

生:"水没有一定的形状,或方或长,流必向下,和顺温柔,它好像有情义。"我从这句话中没有感受到君子的行为。相反,我觉得水好像没有骨气。你看它没有一定的形状,也就是说,它不能坚持自己的原则;它流必向下,我感觉它好像没有进取心。

生:我不同意!"大丈夫能屈能伸",弯曲不是倒下,而是为了更好地发展。我想,这也是君子的做法。

师:同学们听过这句话吗,"水唯善下方成海,山不矜高自极天"。水顺其自然而不争,甘愿处于人们都厌恶的低下之地,这不也说明水有着君子般的谦谦之风吗?

生:水虽能荡涤污垢,可同时也是藏污纳垢的场所,而君子都是光明磊落的。这一点好像不能与君子相提并论。

师:水的本质是晶莹剔透的,放到水中去洗的万物虽是不清洁的,可拿出来的却是干净的、光洁的,它洗净了万物的污浊。这不正是君子所倡导的与人为善吗?

生:我明白了。君子正是以自己的言行影响着周围的人,用自己的美德影响着周围的人。

师:"善施教化"后有个省略号,省略了什么?

生：水还有君子的其他特点。

师：孔子不愧为古之圣人，他教育弟子做人，没有直接进行说教，而是用水来打比方，巧妙地暗示弟子。请你们想想，水还具有君子的哪些特点呢？

（心地善良、胸怀宽广、博学多才、公平公正……）

新课程强调尊重学生的个性感悟，并不是说可以摒弃课文的文本价值。本片段的执教者对《孔子游春》进行了深入钻研，从文本语境出发，让学生联系已有的体验来感知文本，并对学生的一些感受和看法进行了二次讨论。在这"二次讨论"中，通过师生、生生之间深刻的对话，较好地挖掘了文本的人文价值，让文本所蕴含的智慧的光芒与学生生命的灵气相碰撞，由此丰富了学生的生命体验。而在充满活力的对话交流中，那种原始的、朴素的价值观也一定印入了童年灵动成长的路径中！

四、用孩子纯真的情趣解读文本正确的价值观

语文阅读课上一篇篇想象丰富、语言精美、情趣盎然的文本常常会让孩子或喜悦或流泪，或崇拜或痛恨，或向往或失望，或好奇或期待……这些在文本解读过程中散发出的纯真的、生动的情趣显得尤其珍贵。

新课程标准指出：培养学生高尚的道德情操和健康的审美情趣，形成正确的价值观和积极的人生态度，是语文教学的重要内容，应该注重情感熏陶，潜移默化。

在《丑小鸭》一课的教学中，有教师创设了"发现悲喜对比的描述""体验悲喜对比的情感""感受悲喜对比的内涵""品味悲喜对比的人生"四个层层递进的梯度，其中片段四"品味悲喜对比的人生"是这样的：

过渡：你知道这篇文章的作者是谁吗？（生：安徒生）其实安徒生的一生就是一篇动人的故事。请大家默读《安徒生的故事》。

（生默读下发的材料。主要内容：安徒生从小家境贫寒，继父不喜欢他。14岁就有想当演员的志愿，可没有一家剧院愿意让一个穷孩子登台表演。到作坊打工，又因力气小被辞退。睡大街，用废纸当被子。后被穷人出身的歌唱家收留。半年后的一天，得重感冒，声音受损。一位诗人被安徒生的勤奋精神打动，接济他。经过努力，安徒生的《阿芙索尔》被一家文学刊物发表。其后他又出版了第一部童话集，引起强烈的反响，终成世界著名的童话大师）

师：你发现了什么？

生：我发现安徒生的命运很悲惨。

……

生：我发现安徒生就像这只丑小鸭，经历了很多磨难，但没有消沉，发奋努力，后来成了童话大师，成了"白天鹅"。

（师出示，师读）

师：看了《安徒生的故事》，再联系起这样的丑小鸭，你有什么心里话想说。

生：是金子总会闪光。我好像听到安徒生在告诉我们，一定要相信自己，幸福的一天总会来临。

生：失败乃成功之母。人的一生会遇到很多磨难，只要你在困难面前相信自己，努力去克服他，坚持到底，成功就会来到你的身边。

生：我听妈妈唱过一首歌，叫作《阳光总在风雨后》。我忘不了丑小鸭战胜磨难、迎来阳光的时刻。

生：永不放弃，总有一天，我们也会成为一只只美丽的"白天鹅"。

情趣情趣，有情才有趣。这篇课文的执教者正是以浓浓的情感带动阅读，真正地拨动了学生的心弦。学生的感受是"原汁原味"的，是"超级震撼"的。同时在一层一层深入的一悲一喜两重天的对比阅读中，课堂产生了壮美的和声。在此基础上，语感变得敏锐，思想境界变得开阔。

这些属于孩子敏锐的灵性解读，正是孩子独特的用童心触摸文本的一种很好的方式。也只有这样一种文本徜徉的情趣才寻找到了契合孩子内心的解读文本的最佳路径。

五、用孩子丰富的实践解读文本正确的价值观

新课程标准指出,语文是实践性很强的课程,应注重培养学生的实践能力,让学生更多地直接接触语文材料,在大量的语文实践中掌握语文的规律。

六年级(上册)中《青海高原一株柳》这篇课文教会了我们对待生活的态度——面对困境与艰难,我们应该积极地以顽强的毅力和韧劲进行抗争。由此,我们对这株柳树产生了一种敬佩之情。在盛新凤老师的课例中,盛老师借助语文课堂把这种崇敬的心情通过教者的教学语言、教学方式潜移默化地传递给学生,使学生受到感染。学生在学习的过程中,以自己的生活阅历、人生体验去感悟这一株高原柳树的艰辛,体会到柳树之所以会成为高原上一方壮丽的风景是因为它自身所展现出的精神魅力。

师:屠杀生灵的高原风雪和铺天盖地的电轰雷击,没有体验过肯定想象不出有多可怕。你们听(播放课件),这就是虐杀生灵的高原风雪和铺天盖地的电轰雷击,它们像无情的杀手在摧毁这株柳树,你能想象柳树在遭受摧毁时无助可怜的样子吗?你仿佛看到它——

生:我仿佛看到它东摇西摆的,柳枝被吹掉了。

生:我仿佛看到这几株柳树慢慢地被连根拔起,枝丫都断光了。

生:我仿佛看到这几株柳树的枝干被很厚的雪压断了。

……

师:同学们,我们甚至可以想象到很多时候,当它被折磨得死去活来、觉得自己快撑不下去的时候,它会怎么鼓励自己呢?

生:我要坚强地活下去,一定能冲过许多的困难,最后长成一株茁壮的大柳树。

生:马上就好了!马上就好了!只要坚持一会儿就好了!

生:它肯定鼓励自己撑下去。因为风雨之后一定能看见彩虹。人的一生难免会遇到很多困境与艰难。面对困境与艰难,我们应该积极地以顽强的毅力和韧劲进行抗争。这不免让我想起了厄运打不垮的谈迁、微笑着面对一切的桑兰、轮椅上的霍金、艾滋病小斗士恩科西……

生：由这株柳树我想到了自己。我觉得我们也要和柳树一样,在磨砺中成长,让人生更加炫丽!就算只有百分之一的希望,我们也要付出百分之百的努力!

在这里,柳树已被学生的生活阅历和人生体验拟人化甚至人格化了,柳树已不再是自然界的柳树,与柳树的对话被转化成了人与人之间的对话。我强烈感觉到,不是柳树在言说,而是学生自己在言说;不是在言说柳树本身,分明是在言说学生自己的思想、情感、体验、悟性和灵性。于是,那株坚强的、苦不堪言的、艰辛的、令人敬畏的柳树就这样扎根在学生纯净的心灵中。学生用他们认可的真善美和正确的价值观做出了相对客观、公正或者说是清醒的分析和判断。没有比这更让人欣喜的通向孩子解读文本的路径了。

自由交流　自主合作　自然实践
放飞理想的语文课堂教学

教育家杜威先生说过:"给孩子一个什么样的教育,就意味着给孩子一个什么样的生活!"新课程改革背景下的小学语文课堂教学到底该如何构建?语文课程标准明确提出"要全面提高学生的语文素养","着重培养学生的语文实践能力","积极倡导自主、合作、研究的学习方式"。不难看出,新课程改革对语文课堂教学的要求更高、更严、更活了。追求语文课堂教学的更高境界理应成为每一位有志于语文教学的教师心中的理想之梦。

一、自由、实在的情感交流,让课堂教学生趣

语文课堂教学的目标是多元的,有知识方面的,有能力方面的,还有情感方面的,情感在其中占据着主导地位。这也真正体现了语文学科的"人文性"。在我眼中,理想的语文课堂教学首先是师生之间自由、真诚的情感交流,这才是最实在、最有效的。

1. 激情点燃学习动力

一个没有激情的教师,如何能调动学生的情感,让学生充满热情地学习?记住苏霍姆林斯基说的那句话吧:"有激情的课堂教学能够使学生带着一种高涨的激动的情绪从事学习和思考。"一个"充满激情的我",才能陪伴孩子度过每一段"激情燃烧的岁月"。深知其中关键后,我在教学中努力以语言为纽带,引领学生、感染学生,使课堂精彩纷呈。在教学三年级课文《我应该感到自豪才对》时,我这样来描述沙漠的环境:"炎热干旱的沙漠无边无际,黄沙满地,沙丘连绵,风沙盛行。沙暴来临之时,铺天盖地的黄沙似乎能吞噬沙漠中的一切。"生动的表述,再配上音乐,让学生仿佛身临其境,一连串四字词语的使用和贴切的拟人手法又贴合三年级学生语言学习的重点,恰到好处地点燃了学生学

习语文的热情，使课堂教学呈现出生气。

2. 激趣诱发主体意识

每篇课文都有不同的特点，教师要善于捕捉，或直观演示，或旁征博引，或巧设悬念，激发学生的阅读欲望，让学生对课文产生浓厚的兴趣，从而"高高兴兴地学，有滋有味地学"（叶圣陶语）。教师要真正创设"我要学""我想学"的积极教学气氛，让学生自由发言、自由上台演示，使课堂教学收到良好的效果。去年我有幸参加苏州市大市语文优质课评比，内容是中年级段的《赶海》。当时是借班上课。孩子们看到礼堂里挤满了听课的老师，异常紧张。于是，我像变魔术似的拿出画得精美的螃蟹、海鱼、大虾，并走到孩子们中间，让他们通过摸、捏、抓等动作体会赶海时的乐趣。不一会儿，孩子们就有了积极的自我意识，踊跃地参与，把课堂学习"变苦为乐"。下课了，孩子们仍依依不舍，作为老师的我收获了孩子们对语文学习的热情。

3. 溶情催化课堂佳境

语文课文往往蕴藏着作者生命意识的律动，而课堂教学中就需要教师恰到好处的溶情，成为教与学双边活动的"催化剂"，努力让学生体会"山重水复疑无路"的迷茫困惑、"柳暗花明又一村"的豁然开朗，感受"山雨欲来风满楼"的紧张凝重、"清风徐来，水波不兴"的宁静安详。对于低年级的学生来说，理解《青蛙看海》这个寓言故事是有一定难度的。我在课堂上引导孩子们了解"面对着高山，看着苍鹰远去的背影，青蛙心里感到……（失望、伤心、难过……）可是青蛙很想看大海，该怎么办呢？"，让学生抓住课文中关键的字词，迁移自己的生活经验，体会小青蛙遇到的困难。最后我创设情景，让学生变成课文中的小青蛙。我动情地说："小青蛙，快加油啊！我们一起给它鼓励。告诉你一个好消息，再跳5次，就到达山顶了。努力吧！5、4、3、2、1。"全班小朋友不由自主地在教室里跳了起来，我便抓住时机出示多媒体画面。美景配着孩子们的欢呼声，课堂上充满着欢乐！

二、自主、合作的探究活动，让课堂教学有效

学生是学习和创造的主体。让学生自主探索、与人合作，其目的是

鼓励学生按照自己喜欢的方式进行自我理解、感悟和探究,同时鼓励学生大胆提出质疑,对不同的观点进行讨论。这样的语文课堂,才能开发学生的潜能,让学生获得成功的愉悦。

1. 生生互动,合作学习

在阅读文本时,我们会对同一文本产生不同的理解和思维方式。而孩子们难免会在自主把握作品的过程中出现一些肤浅的、片面的甚至错误的理解,这时就需要教师在课堂教学中把存在于学生中的各种差异看作是珍贵的教育资源,组织学生展开充分的对话与合作、交流与沟通,让学生学会理解同伴的想法,学会相互接纳、赞赏,以达成学生间的思维撞击、优势互补、资源共享。例如《梅花魂》一课,对课题的理解,孩子们合作进行了探究。有的找资料了解时代背景,有的读课文中有关梅花的诗句体会其含义。慢慢地,在讨论中,文本的阅读一次次被深化。孩子们明白了:梅花是一种借代,代表了外祖父对祖国的思念之情;写爱梅花,是因为梅花是中华民族民族精神的象征,在外祖父的心目中,梅花就是祖国的代表,爱梅花和爱祖国是统一的。甚至有孩子说,课文中出现的历史人物真切地告诉他一个信号,梅花魂就是中华民族不屈的气节。他的解读得到了所有同学的赞同,而课文中感人的爱国情怀溢满了整个语文课堂。

2. 质疑问难,师生联动

课堂上学生间通过合作、讨论仍有不少问题尚未解决,或理解不够深透。这时,学生便把希望寄托于教师。教师应发挥自己的角色作用,为学生搭桥铺路,指点迷津,真正使自己成为活动中的引导者、疑难处的点拨者与研究者,让学生对课文的理解由肤浅走向深刻、由片面走向全面,实现课堂教学师生间的思维联动。冰心的作品孩子们一直都很喜欢。初读课文《只拣儿童多处行》时,有孩子提出为什么"只拣儿童多处行"。大多数孩子只是理解为孩子年少,如花儿一样美丽,因此让人喜爱。此时就需要教师引领学生在感悟课文内容的基础之上,体会关键词句:"女孩子、男孩子,……个个鼻尖上闪着汗珠,小小的身躯上喷发着太阳的香气息。"冰心在这里把充满朝气和活力的儿童比作太阳,认为从儿童身上发出的气息是太阳的气息、是生命的气息、是希望的气息,表达出冰心对儿童的喜爱。又如:"……成千盈百的孩子,闹嚷嚷地从颐和园门内挤出来,就像从一只大魔术匣子里,飞涌出一群接着一群的小天使。"此时孩子们在反复感悟的基础上,再次体会课题,明白了儿童多处就是春天,儿童是春的使者,春天荡漾在儿童的心里,春天写在了儿童的脸上,春天就住在儿童的身上,春天是儿童的,儿童就是祖国的春天。

三、自然、丰富的生活实践,让课堂教学厚实

1. 接近自然,生活课堂

很多的语文课堂教学呈现在我们眼前的是处处严谨、环环相扣,教师在尽可能地多教给学生新的知识。现代教育家陶行知先生奉行"生活即教育"的主张,提倡语文教育与社会生活全面沟通,引导学生养成细致观察事物的习惯,感受生活、体验生活。在进行单元习作练习《我的发现》时,我先布置学生利用课余时间到校园中寻找和发现。作为教师的我,则手持摄像机,也在偷偷地发现。上课了,我先宣布了自己的发现,一幅幅采撷于生活的画面,让孩子们激动。他们开心地讲述着自己的体验和观察,在我不露痕迹的点拨下,一篇篇真实灵动的文章跃然纸上,一串串自然真实的回忆铭记于心中!

2. 丰富实践,厚实课堂

生活是丰富的,语文课堂教学作为学生生活的一部分,同样应该是多彩的。伟大的教育家孔子带领学生周游列国,随时随地相机施教,把社会当作大课堂。只有当语文课堂教学成为学生的综合实践活动时,教学内容才会更加厚实,过程才会更有价值。所以在语文课堂上,我利用各种机会,尽可能地开发课程资源,千方百计引导学生关注自然、关注社会、关注人生。例如,指导学生利用电视、网络、图书馆、博物馆、广告牌、书刊等渠道,在课堂上开设口语交际"有话大家说""我的朋友"、《环保小报》(校园卫生、河道治理)、诵读比赛(古诗文、抗震救灾)、访谈录(约会校长、拜见冰心老舍)、语文知识竞赛等。我想这正是语文服务于生活的体现,是提高学生综合能力的捷径。由此,我班学生在苏州市"书香校园"的评比中脱颖而出;在蒲公英作文大赛中多名同学分

获特等奖、一等奖。

　　理想的语文课堂教学是我心中的一座殿堂,神圣而高远,它存于我的内心。我会继续怀揣着这份理想,在追求的路上,捕捉更多美丽的风景。

自主 合作 探究

论阅读教学中学生主体性的体现

《小学语文新课程标准》明确指出：语文是实践性很强的课程，应着重培养学生的语文实践能力，而培养这种能力的主要途径也应是语文实践。应该让学生更多地直接接触语文材料，在大量的语文实践中体会、掌握运用语文的规律，而不宜刻意追求语文知识的系统和完整。

因此，在语文教学中要落实学生的主体地位，尤其注重学生的个性体验。在阅读教学中，要创设机会激发学生的阅读兴趣，让学生大胆地走进教材，充分地阅读、思考；要鼓励学生通过读、说、写等多种形式来表达自己的阅读体悟、享受学习的快乐、拓宽视野、丰富情感、发展个性。

一、在阅读鉴赏中体现自主学习

教材是语文知识的载体，学生是获取知识的主体。语文教师的任务是解决学生与教材交流时出现的问题和引导学生正确理解教材。教师要扮演好"桥"的角色，而不要越权代替学生思考、代替作者言论。

1. 激发阅读兴趣

要让学生充分与教材交流、激发学生对教材的兴趣，应从减轻学生阅读时的心理压力、提高学生感悟方面入手，让学生感受到阅读教材是一种享受，而不是沉重的负担。教学时不能让学生感到阅读就是为了回答问题和做"条块"式的分析，而要让他们感到阅读是为了感受一种美。

我们可以采用现代化的教学手段，让学生聆听美的声音、欣赏美的画面、感受美的形象，鼓励学生采取个性化的体验和表达方式，使阅读成为赏心悦目的享受，成为学生自我表现的舞台。在阅读教学过程中，不论是读还是写，若伴随着情感发生，都会激起学生情感的参与。

2. 精选教学内容

学生在阅读课文时就有了一定的作品欣赏能力。学生以课文提供的内容为依据,通过自己的思维活动,展开丰富的想象和联想,这使他们的认识得到理性的领悟和感性的反应。这时,教师应坚持以生为本的原则,凡是学生能读的就让学生读,凡是学生能说的就让学生说,学生已经读懂的就不必讲,讲了学生也不懂的就不要讲。教学必须有"舍",学生才能有"得"。同时,教师要注意培养学生探索、发现、解决问题的能力和勤学善思的习惯,为独立意识逐渐增强的学生提供大显身手、树立自我形象的机会。

如教学《石榴》一课时,学生通过预习有了一定的理解、感悟。我请学生读描写石榴的句子,说说自己的体会。有学生就能抓住"抽""长""鼓"等关键动词,体会到了石榴旺盛的生命力。还有学生注意到课文里描写石榴时只用了一句话介绍它的叶子,而用了三句话来写石榴的花。这时,我就进行了写作指导——"作者这样安排,有详有略",让大家对石榴花有了更深刻的印象。这堂课的尾声,我又穿插了同类型的语段请学生阅读,学生马上就能迁移所学,认识到详略的巧妙,为后面的练笔奠定基础。

二、在阅读质疑中寻求合作学习

学生在学习课文时,对读物内容既会有赞同性的吸纳,又会进行质疑。思想活跃的学生在解决问题的同时还会发现许多新的问题,而这些问题中又有他们自己无法解决的,于是他们就会提出来。这时就需要开放的课堂,将话语权交还给学生。为了激发他们的积极性与主动性,对于有价值的疑问,不妨让孩子们讨论解决。学生在讨论交流的过程中,在多种思想和观点的碰撞中易于趋向共识,同时也允许保留个人的见解。

如教学《蒲公英》一课时,我先留出一部分时间让同学们自行讨论,然后质疑。许多组都提出了问题:为什么只有黑黝黝的泥土才是蒲公英能生根长叶的地方?太阳公公为什么不能让蒲公英自己去探寻一下?蒲公英向往自由自在的生活为什么行不通呢?我针对质疑的重点问题要求孩子们在小组内讨论,合作找到能回答上述问题的语句,细细品析、理解感悟,然后我再进行重点讲解。这样做,既节省了时间,又解决了问题,不失为一种好方法。课堂上出现了大家你一言、我一语,互相启发、互相补充、彼此解答的可喜现象。我一改过去只让少数几个同学发言、其他同学被动接受的满堂灌的课堂教学,变教师的讲堂为学生的学堂,变一言堂为群言堂,使得学生兴趣浓厚、求知欲旺盛,课堂气氛活跃,让学生在既紧张又轻松的气氛中学习。通过激烈的思辨,孩子们最终认识到,追求自由、勇于探索并没有错,但这一切得建立在符合实际、切实可行的基础上,就像蒲公英落到水里和落在沙漠终会导致它的消亡,这样的"追求"是不明智的,只有能听从善意的劝诫,才能真正实现生命的价值。当学生遇到的一些疑难通过个体学习无法解决时,教师应创设条件让学生合作学习、共同解疑。这样不但能增强课堂教学的活力,还能最大限度地提高课堂教学效率。

三、在阅读期待中实施探究学习

探究学习就是个性化学习。按照伊瑟尔提出的"空白"理论,文章给读者留下不确定的"空白"是在期待读者用想象填充。其实,这种探究是一种再创造的过程。所以在阅读教学过程中要留有余地"待其从容",给学生自由的空间,让他们去探究,以提高阅读教学效率。纵观语文教材,大多是文质皆美的精品,文章常是言已尽而意无穷。学生若能以自己的创意去延展课文,实施探究学习,就可能超越文本,产生新的效果。

如《大禹治水》一课,文中对大禹"三过家门而不入"没有过多的描写,只用了简单的几句话带过,这就是一个可以挖掘的空白点。我设计了一个教师讲故事、而后学生续讲故事的环节。我先充分地渲染故事场景,将学生带入故事之中。当他们听得投入的时候戛然而止,引发他们思考:接下来会发生什么,人物会如何做,又会说些什么。通过对故事的补充和完善,学生能站在人物的立场去思考、去说话、去行事,充分感受到了大禹一心治水、舍小家为大家的崇高精神,对他深感敬佩。

不难看出,这种探究型的学习方式充分体现了以人为本、民主平等的教育理念。它肯定了学生的主体作用,并取得了阅读教学的实效性。课堂教学活动以"致力于学生语文素养的形成"为核心,通过激发学生内在驱动力,培养学生自主学习的习惯,使学生获得探究问题、解决问题、发展能力的愉悦,从而促使学生的精神境界、个性品德、语文水准得到完整的提升。这种崭新的学习理念为语文教学拓展了广阔的天地。

在教学时,必须让学生充分地自主学习。学生参与小组讨论的时候,教师要深入小组揣摩学生的认识心理,体察学生的学习困难,教给学生合作学习的技巧和组织讨论的要领,使学生懂得尊重和倾听,学会否定、质疑和补充,使学生对问题的认识由最初的水平提高到一个新境界。

觉知自我的一面镜子

从心理视角谈日记教育

叶圣陶说:"学生对一双宽舒的鞋是多么羡慕呀,对于自由自在的思想是多么向往呀,对于写出自己经验范围以内的一切是多么有兴致呀!"日记是学生心灵的独白,是学生真情的流露。当写日记成为学生情感宣泄的需要时,日记就成了学生的一种精神需求。学生在日记这块园地,用心画着属于自己的图案。作为教师,应让学生有充分的心理自由,让学生在日记中大胆展示自我、敞开心扉、不断地增强成就感,并给予学生及时有益的反馈,达到让学生自我教育、陶冶情操、塑造个性的目的。

绝大部分心理正常的人写日记时都会说心里话、说真话。日记就是进入这种心理境界的奇妙方式。人皆有喜、怒、哀、乐、悲、恐、惊的心境或情绪,人不论处于哪种情绪状态中,都会有抒发或排遣的欲念。要让学生打破思维定式,以自由的心态能动地观察世界、摄取营养、充实生活,写出富有生命力的日记。

一、自信的开始

学生写日记应从小处着手,从自我出发,不脱离实际,尽情地抒发自我情感,叙述自我经历,描绘自我内心,或者在叙事、绘景、议论中融入自我的感受和体验。学生写完日记后总是希望得到老师的好评。根据学生的这种心理,我适度地把握日记的评价尺度,不断地激励学生,让他们充满自信,形成良好的心理环境。

在学生日记中,有的写自己经历的某一个社会生活场景的片断,有的写对日常生活的观察,有的写父母工作的艰辛以及自己对人生的看法,有的写同学之间的友谊以及互相竞争不断的奋进。每次当同学们在班级里朗读日记时,全班都鸦雀无声,纷纷表示没想到生活如此精彩丰富、心灵如此复杂深刻、观察如此细致入微、情感如此细腻深厚。

事实上,每个学生都有心理上的自我臆想,正是这内在的自我臆想悄悄地改变着学生的内在行为。我班的一个学生特别怕写作文。有一次,他在日记中写到自己玩喷水枪的情景,非常有趣。他写到自己用喷水枪给盆景浇水,叶片上出现了均匀细小的水珠,有的缓缓地滚动,特别好看。他还写到自己躲在楼道里,给平时威严的父亲射"冷箭",父亲慌乱的样子让他偷偷地乐了好一阵子。虽然语句不够通顺,但是一连串生动的动作描写表现了他的调皮捣蛋,是他以往作文中从来没有过的。而我在日记后的一句简单评语"你的日记真实生动,让老师也笑了一回。向爸爸道歉,好吗"使他改变了对自己写作能力的看法,增强了自信。学生遇到困难的时候,如果能得到教师、同学的关爱,就会使他鼓起勇气、振奋精神。

二、自我的镜子

中国著名美学家蒋孔阳先生说过:"写日记,是审视和欣赏人生。"日记就是学生自我评价、自我体验、诱导内省的一面镜子。

有一位同学面对自己的期中考试成绩写下了这样一篇日记:"我也不知是怎样搞的,上个学期我的数学成绩是不错的,现在呢?得了个及格,我感觉到了自己的退步,我想努力学习,却总是身不由己地马虎。有时我想认真听,却总是管不住自己,要做小动作,有时候还会把老师惹气了。爸爸、妈妈也总是骂我不认真,有时还要打我。我想认真的,却总是管不住自己,我该怎么办?"教师在看了他的日记后,有意识地引导他如何正视自己的学习态度,采取怎样的行为,切切实实地吸取教训。教师在这里把教育落实在细处,起到了"润物无声"的作用。

在集体生活中,遇到问题时更需要学生从自我找原因,对自己的行为多做反思。在教师的引导下,学生写出了在集体遇到挫折和失败时自己的想法和对事、对人的思想感情,以及自己应该承担的责任。教师感到了他们在"内省"的过程中受到了自我教育。正如苏霍姆林斯基所说的那样:"真正的教育是促进自我教育的教育,只有学会自我教育的人才能成为真正的人。"

三、成长的阶梯

裴显生先生说过:"在我看来,坚持写日记,不仅可以锻炼自己的思维能力,而且可以积累人生经验,提高思想修养和工作能力。"可想而知,记日记时间长了,积累的素材多了,必然会使人产生渐悟,悟出点道理,理出点头绪,对人、对己、对事、对物、对宏观、对微观总会产生某些思考,寻出些规律性的东西。不断积累,不断求索、探讨、琢磨,可以使学生提高对是与非、真与假的识别能力。而成长过程中日记正是学生不断进取的阶梯。

曾记得班级里有位学生,三年级时他在日记中记录过这么一件事:国庆节到了,他到别人家打麻将,赢了八十元,父母知道了都说他能干,用这钱买了螃蟹,一家人开开心心地吃了一顿。在这篇日记面前,我沉思了好一会儿,孩子真以为自己了不起,会为家里挣钱了,殊不知那是不正当的行为。课堂上,我先读了几篇其他同学的国庆节日记,并让同学们谈谈怎样才是文明健康的活动,同时告诉大家赌博的危害。听了教师和同学的谈话,他慢慢明白了道理,增强了抵制能力。现在他的日记中经常记录他和父母进行游泳、打羽毛球等活动,字里行间流露出他对生活的感悟和理解。从学生的日记里,可以看到他们在心灵的原野上向着真善美奔跑的足迹,可以看到他们如何充实着自己的精神世界。在这个过程中,孩子们良好的素质、健康的心理得到了培养。

学生心有所思,情有所感,才能写出成长过程中一篇篇感人的日记。有一位孩子这么写道:"滴答、滴答……雨不停地下着。吃中午饭的时候到了,我到门厅里等候着妈妈给我送饭。过了好久,她还没来,我开始焦急起来,并埋怨妈妈。就在这时,雨中出现了一个人影,渐渐地走近,我发现那就是妈妈。于是,我大喊起来:'妈妈,你才来!'只见,妈妈左手拿着饭盒,右手拎着雨披,头上的雨水顺着头发滴了下来。她对我说:'趁热快吃吧,妈妈还要赶回去上班呢!'随后,妈妈的身影消失在雨中!我只觉得鼻子有点酸,我知道了爱的滋味如同手里的饭一样好香、好香啊!"读完这篇感人的日记,我知道孩子和母亲因为爱产生了共鸣。这篇日记让我记起著名教育家苏霍姆林斯基说过的一段话:"在每个孩子心中最隐秘的一角,都有一根独特的琴弦。拨动它就会发出特有的音响。要使孩子的心同我们讲的话发生共鸣,我们自身就需要同孩子的心弦对准音调。"

(本文获全国教师论文大赛三等奖)

以人为镜　照见自己

与名师上同题课《我应该感到自豪才对》

如何根据新课程标准,融入自己的思考,上出不同风格的课堂教学,让我这个一线教师跃跃欲试。

十分有幸,我与特级教师薛法根有了一次上同题课的机会。此次执教的是苏教版三年级(下册)《我应该感到自豪才对》一课。这是一篇童话,通过讲述小骆驼因为小红马嘲笑而感到委屈,后来跟妈妈到沙漠旅行,明白了驼峰、脚掌、睫毛在沙漠里的特殊作用的故事,告诉学生判断事物的美丑不能只看外表,要看实质,看其有没有用处。

听了薛老师的课,再回顾自己整个设计和授课的过程,可从三个方面来归结自己的思考。

一、目标预设"大同小异"

如何让三年级的学生通过这童趣横生、扣人心弦的故事,自然而然、比较到位地感悟文章赋予的深刻道理呢?根据文章及学生特点,创设与课文相匹配的情境,以情为基点,以读为主线,以悟为手段,真正走进小骆驼的这个角色中,在步步推移的学习活动中,揣摩体会小骆驼的心路历程、情感变化,从而在角色体验中感悟文章的深刻内涵,应该是一条不错的道路。

在《义务教育语文课程标准(2011年版)》中,"能联系上下文,理解词句的意思,体会课文中关键词句表达情意的作用。能借助字典、词典和生活积累,理解生词的意义"和"初步感受作品中生动的形象和优美的语言,关心作品中人物的命运和喜怒哀乐,与他人交流自己的阅读感受"均被明确列为小学中年段阅读教学的目标。因此,我和薛法根老师不约而同地都把"凭借语言文字引导学生理解感悟骆驼的睫毛、脚掌、驼峰的作用,明白看待事物美丑不能看表面而要看实质"和"有感情朗读课文"作为本课的教学目标。除此之外,薛老师重语义、重语境、重拓展。而我在思考之后,把第三个教学目标定为了"积累规范的语言,运用、内化文本语言",把重点落实在规范上。

教学设计中,针对复习板块我有目的地给出了三组词:第一组是复习多音字的,除了通过练习让学生读准字音之外,还渗透了根据字义选择读音的学习方法;第二组词是描写人物心情的,为体会小骆驼的心情变化做好铺垫;第三组词是描写小骆驼外形特点的,让学生更好地明白骆驼为何委屈。除了分门别类地呈现,我还在词串的排列上做了一些"手脚",如在让学生查找有关沙漠的词组、短语后,以"1. 沙漠 茫茫的大沙漠 无边无际的大沙漠;2. 沙子 松散的沙子;3. 一阵风沙 一阵风沙铺天盖地刮过来"这样扩句的形式,帮助学生在理解词语的同时有效地训练规范搭配词语的能力,从而提升学生感受语言的能力。学生通过对比朗读,一下子就对沙漠有了更为形象和直观的感受,并且调动起脑海中已有的知识储备,"飞沙走石""寸草不生""荒无人烟""沙土飞扬"等一系列相关的词汇由学生充实到课堂上,精彩纷呈。

二、语言实践"殊途同归"

语文教学的根本目标是促进儿童的语言发展,而语言的发展唯有通过语言实践活动才能达成。教学中,学生受文本语言的刺激,在头脑中经历"兴起表象、丰富想象、共鸣情感"等一系列心理活动后,教师应给予适时的推动,引导学生对被激活的表象进行加工、调整,再造出新形象,并以此为基础挖掘语言实践的训练点,让学生更多地拥有语言实践的机会,把再造的新形象、形成的新思想转化成语言的倾吐,表述自己个性的感悟,以发展学生的语言能力。

薛法根老师为了使学生形象地感知骆驼的驼峰、脚掌和睫毛的作用,让学生创造性地编拟和表演小骆驼和小红马对话并到沙漠旅游的故事。这样的设计,既加深了对课文内容的理解,又有效地提高了学生的想象力和语言表达能力。我则考虑了学情,结合《小学语文知识与能力发展目标体系》中年段对关联词的要求,把内容简化,根据"积累规范的语言,运用、内化文本语言"这样的目标预设让学生在情境中体会骆驼外形特点的作用,在此基础上让学生反复用"多亏……"或"虽然……但是……"的句式来表述骆驼脚掌、驼峰、睫毛的作用,把课文语言转化为自己的语言。最后,提供句式"虽然我的脚掌、驼峰、睫毛不如小红马好看,但是它们在沙漠里却有很大的用处。(　　)(　　)(　　)",让学生将三者的作用连起来说一说。通过这样的"分步走、给扶手",使大部分学生都能"伸手够一够,摘到收获果"。更重要的是,他们不仅在句式练习中明确了骆驼身体特点的作用,还学会了如何运用相关词句进行表达,体验了成功的感受,积累了学习的信心,真正发挥了语文学科工具性和人文性相统一的作用。

新的教材观认为,教材只是学生学习的载体。语文课的"语文味"怎样"熬"出来,在我看来,语言文字是关键。从语言文字入手,反复品味词句表情达意的作用之余,教师还要引导学生对词句本身的用法进行"咀嚼和消化",创设情境让学生加以迁移和运用,从而实现"学语言—会表达"的转变。

三、课堂生成"异曲同工"

1. 以读代讲各巧妙

新课标指出,各个学段的阅读教学都应该重视朗读。"以读代讲"无疑是现阶段重要且有效的方法。在读中理解课文,在读中把握主旨。

薛法根老师采用了教师范读、学生仿读、自由地投入感情朗读、对话表演读等方式贯穿整个教学,没有多余的内容分析串讲,整堂课一气呵成,特性鲜明。我则关注了课堂评价,用个性化的激励性评价语言,引导学生读出文本情绪。以骆驼妈妈让小骆驼感受到又厚又大的脚掌有着巨大的作用时说的一句话为例——"多亏我们的脚掌长得又大又厚,如果我们的脚也像小红马那样,陷进沙子里怎么拔得出来呢?"请多名学生朗读,分别给予"我听出了妈妈的骄傲""妈妈对待小骆驼是多么亲切呀"等一系列的评价,既指导了学生的朗读,又让学生从不同的维度体会到了骆驼妈妈作为母亲开导小骆驼时的内心感受。

2. 语言熏染各不同

每一个教师都带有自身不可复制的个性特质,即使是同一篇课文,由不同的教师来上,也必然会有不同的味道,断不能"东施效颦"。

薛法根老师上课充满着智慧:课堂语言幽默,课堂气氛活跃,开篇即自我调侃,过程中诸如"这次温柔了,虽然你是男的"这样有趣的承接更是屡见不鲜。作为我,也在教师语言中彰显了自己的特点,既然无法模仿薛老师浑然天成的幽默,我就走自己的诗意之路。我设计了"炎热干旱的沙漠无边无际,黄沙满地,沙丘连绵,风沙盛行。沙暴来临之时,铺天盖地的黄沙似乎能吞噬沙漠中的一切",并运用多媒体呈现沙漠中真实的画面。这样的衔接语言,用优美的、诗意的、富有画面感的词句把孩子引入了情境之中。

正所谓"条条大路通罗马",名师自有名师的风采,他们是一面旗帜,指引着一个方向。但即使是一名普通教师,在其身上也必有可取之处。我们要坚守自己的阵地,深入研读文本,在准确把握教材的基础上,基于学情(充分考虑学生的特点),精当地预设每一节课所要完成的具体目标,通过规范、扎实、灵活的语言实践活动,引导学生体味汉语言文字的妙处,从而逐步学会"准确、丰富"地表达。这样的课堂生成是"可期"却"不可预"的,其间或许夹杂着拙劣与质朴,但一定也会有惊喜和激荡。

姿态低了　课堂活了　境界高了

听《世界多美呀》后对低年段语文课堂的观察及思考

热爱语文教学的教师都会思考：什么样的课堂是孩子们所喜爱的，什么样的课堂是透着语文味儿的，什么样的课堂是为孩子们的后续发展抹上生命底色的。我们在努力，我们在实践。那次听了姚敏老师执教的《世界多美呀》一课，顿感语文可以这样美丽。

姚老师的课堂独具风格：有趣——情趣盎然，有味——回味无穷，有新——出乎意料，有感——留有思考余地。这"四有"让姚老师在课堂上绽放着独特的魅力，吸引着孩子们沉浸在语文的世界里自由地"呼吸"、畅快地倾吐。这是一段最美的时光。细细咀嚼姚老师的课堂，不难从中窥见低年段语文教学的"理想之境"。

一、充盈儿童语言——"放低"语文

【课堂回放一】

师：(指"睡"字)哪个小朋友来读一读这个字？

生：睡。

师：你把翘舌音读准了，真棒！这"睡"是指什么呢，谁能带上动作再来读一读？

生：睡(动作)。

师：哦，你们看，原来这个就是"睡觉"的"睡"呀！

师：睡觉时，周围静悄悄的，哪个小朋友能读出这种感觉来？

生：……

师：嗯，你睡得真香，真甜！

【课堂回放二】

师：(创设情境)"笃笃笃"，听，这是什么声音啊？

生：敲门的声音。

生：小鸡在啄蛋壳的声音。

师：小鸡小鸡，你啄呀啄呀，累不累啊？

生：不累不累。

师：小鸡，你终于啄开了一条缝，看到了什么呀？

生：……

师：小鸡啊，你觉得世界是什么颜色的啊？

生：……

姚老师的课堂，儿童味很浓。这体现了新型师生关系——平等对话。比如，第一环节复习板块中，姚老师让孩子做"睡"的动作，结合生活体验来理解"睡"的含义，读好词语，引导浑然天成、不落痕迹。整堂课中，姚老师始终以"小鸡"来称呼孩子们，无形中就让孩子们融入了课文、进入了角色，更利于他们去体悟课文的语言，感受课文所要表达的情感。一系列儿童语言的对话，不仅推进了学生对课文语言的理解和品读，也创生了民主、合作的课堂氛围，带来的便是学生语文学习的轻松、愉快的状态。

二、映射智慧生成——"激活"语文

【课堂回放三】

师：小鸡，你愿意到台上来，为大家演一演课文吗？

生：好。

师：哪只小鸡愿意为你的小伙伴配上解说，请你来读一读课文。

生：……

（学生合作表演）

师：听，叫的声音多可爱！这真是一只可爱的小鸡！

……

师：你们刚刚看到小鸡要出壳之前，做了哪些动作啊？能找到写这些动作的词语吗，看谁的小眼睛最亮？

生：睡——醒——站——撑。

师：（对着表演的学生）小鸡，你为什么这么用力地一撑啊？

生：我想快点看到外面的世界，用力点，才能撑破蛋壳啊。

师：多可爱的小鸡，想要看看美丽的世界，迫不及待地出来了。

姚老师的课堂是不断生成的，是闪耀着智慧的火花的。这体现了全新的学习理念——自主建构。学生是知识意义的主动建构者，而不是外界刺激的被动接受者。特别是一年级学生，有其年龄特点。只有通过课堂上切实体验等学习方法，学生才能真正完成知识意义的建构。如学习课文第三自然段，姚老师邀请"小鸡们"实景演一演，通过表演去体会课文中那些动词的精妙使用。时而组织，时而释疑，时而示范，时而鼓励。总之，为孩子的语文学习提供条件，绝不能越俎代庖。

【课堂回放四】

师：(出示"美")这个字怎么读？谁给它找个朋友？

生：美丽。

生：美好。

师：这个字是什么结构？小朋友仔细观察观察，写的时候有什么要注意的？

生：上下结构。书写时注意羊字头下一横最长。

师：美，上下结构，上面的部分我们叫它"羊字头"。它是一个象形字，古代人们为了狩猎，常常在头上戴上兽角或羽毛做成的装饰，以便接近禽兽。后来这种兽角或羽毛逐渐成为装饰品，戴在头上作为美的标志。(出示"美"的演变)对照着图画，你是怎么记住这个字的呢？

生：……

师：拿出小手，跟着老师写一写……

姚老师的生字教学也独树一帜。对汉字的深入解读彰显着她丰厚的语文功底。学习指导时出乎意料地请孩子们来比较、想象文字。对"美"的点拨指导，恰到好处地在每一个书写点，用儿童的语言不经意间把汉字构成规律传授给孩子。只有多年的沉浸、多年的思考，才能沉淀出如此智慧而美丽的课堂生成，才能让我们的孩子不知不觉地走进情趣相融的美丽的语文世界。

三、弥散人文熏陶——"触摸"语文

【课堂回放五】

师：当小鸡还在蛋壳里时,它眼里的世界是——

生：黄乎乎的。

师：小鸡,当你终于破壳而出,看到了怎样的世界啊?

生：我看到了蓝蓝的天。

师：哦,课文里是怎么说的?谁能来读一读?

生：天空是蓝湛湛的。

师："蓝蓝的"和"蓝湛湛的",你更喜欢哪一个,你们觉得哪个显得更蓝一点?

生：蓝湛湛。

师："湛"字原指水的澄清透亮,在这里是说颜色的浓重、深厚。能读好这个词语么?试一试吧。

师：除了蓝湛湛的天空,小鸡们,你们还看到了什么?

生：树林是绿茵茵的。

师：你能将"我看到了（　　　　）"这样的句子说完整吗?

生：我看到了树林是绿茵茵的。

生：我看到了绿茵茵的树林。

生：我看到了碧澄澄的小河。

师：你们猜,小鸡还看到了什么呢?你们能用表示颜色的词语来说一说吗?

师：今天我们学到的像"绿茵茵"这样带叠词的词语,有个名字,叫"ABB"式词语。

语文本非无情物。文章是用语言写成的,每个字词都有着生命的呼吸。习得字词的正确表达是语文课程的重要内容之一。如对比看蛋壳里黄乎乎的世界和蛋壳外蓝湛湛、绿茵茵、碧澄澄的世界,让学生在呈现的一幅幅实景图中体会"蓝、绿、碧"的色彩,感受叠词的妙用,并进行说话运用练习,进而从几个词推及一类词,让学生拓展运用更多同类型的词语,丰富语言积累。这个板块活动情景的创设,考虑到了学生

阅读实践,注重了情感体验,调动了生活经验。在弥散着人文熏陶的课堂上,学生不断地在姚老师的引导下品评文字,在真实的触摸中形成认识、学习斟词酌句,最终内化为语文的能力。在感受美好世界的同时,姚老师悄然引领着学生寻找、发现自己眼中美好的世界。姚老师的课堂教学已经对语文做出了真实而美好的诠释:语文教学,尤其是低年段的语文教学,应该是亲切的、活泼的、可触摸的。

作为一个语文学习的引路人,我们还可以从以下两个方面做进一步的尝试和探索。

四、留出适度的课堂空间

从温热的语言开始学习,以温暖的情感点燃学习。语文课堂是一扇窗户,从这里可以望见多彩的世界。课堂还是一种引领,生活中许多细节、校园内很多活动体验都是学习运用语文的途径,这是语文学科的独特魅力所在。因此,有些语言训练可以和生活联系起来,不一定非得在课堂上完成,留在课外也是不错的选择。每一篇课文教材都有许多可发掘的训练点,但每一堂课究竟"练什么"是要教师进行深入思考的。不要追求"面面俱到",不要让课堂过"满",让迁移性练习适度、适当,是对孩子不同学习基础和能力的尊重,也是给个性阅读留出空间,以满足不同孩子的不同发展需要。

五、建立规范的梯度训练

低年段语文教学必须落实规范语言的训练,不可随意。一般有这样的规律:拼音为拐杖,识字不离词,解词依靠句,造句取自文,生活常联系。在教师有目的、有计划、有层次的指导下,随机灵活的梯度推进能为学生语文素养的形成奠定基础。具体可分三步走:

1. 在模仿中感悟语言

低年段学生重在在模仿中感悟语言。结合课文,教师一般是抓住关键的语词和句子,从反复朗读入手,让学生感受词语和句子的特点,再进行模仿练习。如课文中"蓝湛湛""黄乎乎""碧澄澄""绿茵茵"等ABB式词语特别多,就可以先请学生思考、拓展其他同类型的词语,进而模仿课文"天空是蓝湛湛的"这样的表达进行句式训练:"(　　　)是(　　　)的"。

2. 在采集中积淀语言

还是以姚老师的课为例。在复习板块中,姚老师请孩子们把生字连起来说一说。大多数孩子往往会用课文中的语言来叙述,即用"谁,干什么"或"谁在哪里,干了些什么"这些符合定向单一表达的方式。有个小男孩很不错,他已经具有变化定式表达的能力,用上了"先……然后……接着……"的句式。在这种情况下,教师就可以给孩子们一些梯度点拨,让他们领悟到语言表达的多样性,让大多数孩子掌握规范语言的表述方法,从中受益。

3. 在实践中生成语言

语文的精彩之一就在于它的不可预知。课堂上孩子的随口一说都可能成为整堂课的亮点所在。当孩子们能够模仿、有所积淀以后,他们的每一次叙述都是一次实践的过程。那不仅是思维的外壳,也是一种对语言的再创造。师生之间的启发呼应、生生之间的灵感碰撞,都可以催生更多精彩的瞬间,让我们感受到语文的美丽。

言为心声,世界多美呀!这个世界不仅是孩子眼中的世界,也是我们每一名语文教师应带领孩子们去探索的那充满奇趣的文字的世界。

注重感悟　引导迁移
从《云雀的心愿》一课反思有效课堂

苏教版语文第八册的课文《云雀的心愿》是一篇童话,既有故事性、趣味性,又有较深刻的教育意义。教师执教此课时必须注意以下两点:一是注重感悟,要引导学生在读懂故事、欣赏故事的基础上,提高学生对保护森林重要性的认识。二是注重迁移,适当注意课内外的延伸和拓展,积极引导学生关注身边的环境,保护好环境。听过马老师的试教,再来观摩今天的这一节课,感觉又上了一个台阶,尤其在以下三个方面值得我们回味。

一、抓住课文的主线

怎样改革阅读教学、提高教学效率、构建有效的课堂教学,江苏省教研员李亮老师对此曾生动地打比方:"语文教学必须搬掉两座大山。"其中"问答如山"在今天的课堂教学中已经不见了,马老师很自然地设计了这么一个问题:"云雀的心愿是什么呢?"学生一下子就关注到了文末小云雀说的一番话:"森林实在太重要了!明年春天,我一定邀上小伙伴,到那片沙漠上去种树,让沙漠重新变成绿洲。这是我的心愿。"抓住这一条贯穿全文的主线后,马老师放手让孩子们打开课本,把课文中描写"森林实在太重要"的句子找出来,认真地读一读,谈谈体会。这样一来,课堂教学实际上成了一个"对话"专栏。抓住主线彻底改变了教师是文本代言人的角色,使教室成了孩子们的"群言堂"。对话中师生内心涌动着生命的激流,课堂已幻化成了学生情感奔腾的海洋。

二、抓住课文的难点

在小学中、高年级精读课文教学时,教师该如何突破教材的难点、重点,对这一方面,马老师一定深有感触。试教时,有的教师也制作了精美的课件,同样也关注了文本中一些精当的描写。但语段和语境相脱离,会使对词句的理解漂浮在文本之外,学生在被动地接受。而马老师让学生充分感知、反复习染,从学生自学实际情况出发,倾听学生的体会,再适当地穿插媒体课件及点拨。值得一提的是,马老师试上时设计了反问句改陈述句这样的语式训练,让学生认真地阅读课文第二段,体会并想象文中描述的是怎样一个情景。这样的练习设计形式新颖、自然精当,达到了两个效果:① 帮助学生深入理解了课文内容;② 较好地引导学生调动自己的感觉器官。从不同的角度去感受、体验课文中生动、形象的语言,这样的语文学习实在、有用。

三、抓住有效的朗读

说起朗读,教师们一定觉得是个老话题。今天的课有四点值得我们学习:一是通过反复朗读,求得初步理解。二是结合语言环境,精读披文入境。三是理解难点重点语句,剪影激活图像。四是熟读美文佳句,理解文字背后的意思。融语文素养发展于精神境界的语文课,不是一个"工具性"或一个"人文性"能涵盖得了的。今天的课堂没有围绕内容一段接一段、一问接一答地展开讨论,也没有进行琐碎的语言训练。学生的情思浪花和言语浪花是怎样产生的呢? 纵观今天的课堂,可用一个字来概括学生主要的学习活动,那就是"读"。反复地读,扎扎实实地读,身临其境地读,激活身心地读。先是朗读基础差的同学读,教师范读后再请学生读。一次次的朗读就是一次次地拥抱课文语言,就是一次次地感知课文内容。通过多次朗读,文章情感在学生心中留下的痕迹逐渐加深,学生对内容的感受和情感的体验逐渐丰富。学生从谈"森林实在太重要",到最后声情并茂地脱口说出云雀的心愿,我想此时学生已经历了意想融合、意念整合的过程,同时也丰富了内心世界,陶冶了情操。"植树造林,保护环境"也不再只是小云雀和它妈妈的心愿了,更成了学生们心中共同的心愿!

借教材　重生成　促素养

以《梅兰芳学艺》第一课时为范式

当前，小学语文教学的走向基本是正确的。在不断学习、实践与反思中，很多教师在教学过程中能关注语文学习特点，能关注教材的研读，能关注学生的语文实践。但是，小学语文教学依然存在诸多问题，其中较为突出的是教材研读不透彻。有的教师对教材的研读不细致、不透彻，不能充分挖掘教材中蕴含的教学资源尤其是教材中蕴含的语言学习、理解、运用的资源，因此不能充分发挥教材这一"例子"的作用；有的教师研读教材时缺乏整体意识，孤立看教材，不能将课文放到单元、整册教材中去研究，导致教学"只见树木，不见森林"。长期以来，不少教师对语文课程内容、教材内容与教学内容三者的差异与关系把握不明，甚至混为一谈，往往简单地将课程内容、教学内容等同于教材内容，只在文章内容上"深挖洞"，不在语言积累与实践上"广积粮"，忽视对文本语言的学习，忽视读写结合，忽视语文学习方法的有机渗透与有效指导等，教学内容单薄，导致学生的语文素养得不到有效发展。

思维定式化、目标形式化、教学模式化使众多语文教师的教学陷入僵局。尤其是第一课时的教学，不痛不痒，学生的习得有限，教与不教差别不大。第一课时的教学究竟应该抓住哪些要点？胡艳老师执教的《梅兰芳学艺》一课的教学可作为示范。

一、破除思维定式，恰当运用教材

在很长一段时间内，语文教学的第一课时似乎是模式化的。一般分为以下四个环节：① 导入新课，教师会用各种形式的导入（比如猜谜、启发谈话、课题质疑等）开启第一课时的教学。② 初步感知课文。教师出示自学要求，让学生自由读文识字，大概了解内容，然后进行反馈，不外乎是出示一些字词，让学生认读，指名按自然段朗读课文，正音纠错,对中高年级的学生再进行段落或者是主要内容的概括等。③ 精读第一部分。一般是请一个学生读一读该段的内容、说说知道了些什么,教师再扣住里面的个别词语做一下文章,再让学生通读一遍,就算过了。④ 生字教学,在低年级教学中占的比重要大一些,中高年级通常在第二环节的检查中就算带过了,对于复杂的或者是容易错的字教师会适当再提示一下,很少会再像对低年级那样将这一内容加以重视。以上,就基本构成了第一课时的教学。

因为思维进入了定势,所以很多教师往往忽视了文本体裁,记叙文是这样教,说明文也是如此进行,童话亦不例外。教师文体意识的淡薄导致学生对不同文体的认知比较模糊,无法准确把握不同文体的特点以及学习的重点。而且整个教学都是流于浅表,对于一些基础好的学生来说,在预习的时候不少内容已经被消化了,所以课堂教学是十分低效的。

所幸有越来越多的教师意识到了问题的所在,开始做一些调整和尝试。我们走进《梅兰芳学艺》一课来看一看。

【课堂回放一】

师:今天要和小朋友一起来学一个故事,故事的名字叫——

生:(齐说)《梅兰芳学艺》。

师:一个人,他的名字叫梅兰芳。"兰"和"芳"与花草有关,也常用在名字里,它们特别容易记,哪个小朋友来说说你是怎么记住它们的?

生:"兰",是一个"倒八字"下面加个"三"。"芳"是"草字头"下面"方向"的"方"。

师:非常棒,你已经学会用部件法去记生字了。

师:名字中带有"兰"和"芳",这个名字就带有一股清香,我们一起再来读好他的名字,读出一股清香来。

这个开头就显得与众不同。胡老师跳出一般的框框,从字的本身入手,让学生在了解课文讲的是梅兰芳的故事之余对"兰""芳"这两个字的字义和字形也能有所认知,并且通过自己的评价语来教会学生一种识字的方法——部件法,即通过熟字的变化来感受新学的生字,降低识记的难度。这种方法非常契合低年段孩子的特点。

【课堂回放二】

师：在这一段里，老师发现有一些词语挺难读的，谁来试试？

（出示：紧盯　空中　飞翔　鸽子

　　　　注视　水底　游动　鱼儿）

生：……

生：……

师：接下来请小朋友把这些词语竖着读一读。

生：……

师：小朋友们，你们有没有发现这些词儿竖过来念有什么特别的？

生：第一竖排这两个是表示看的，第二竖排是说在哪里，第三竖排是表示动作的，最后两个说的是什么动物。

师：原来，这些词语都是对起来的，你们真聪明。

在让学生读词语的时候，胡老师十分有心，出示的时候就按规律排列好，不仅能让学生读好每一个字音，还培养他们对词语有类别归属的意识。

语文教师在日常教学中如何提高自身的教学水平，很大程度上依赖于自身对教材的理解与运用。理解教材首先要读懂教材，读懂教材作为文本的自然价值，读懂教材作为教学凭借的教学价值，同时还要以适当的形式，借助课堂的教学互动，与学生共同建构和完善这些价值，从而使得理解教材、运用教材之间有更紧密的联系。

二、立足教学生成，具化教学目标

一般来说，备课的第一步应该是仔细地研读教材，而且，不仅是读本课，还要读一个单元，读整整一册，甚至是读六年中同系列的课文，找到它们之间的联系。然而现实是，不少教师拿到教材仅仅匆匆浏览一遍，然后就打开教参，将教学目标、教学重难点、课时安排等内容抄在备课本上。所以就会发现一种情况：不管是谁的备课，他们的目标、重难点都不谋而合。不管是哪一篇课文，目标基本都是同样的：① 有感情地朗读课文(背诵课文)；② 学会本课生字，理解词语的含义；③ 结合具体的语言文字,理解文中关键句子的含义,感受人物的精神品质。对这些教师来说,教学目标成了毫无个性的"一纸空文"。

教学目标应该是决定教学走向的重要参照。这一节课到底要解决什么问题,这就是目标。用科学的眼光来看,一节课抓好一个主要方面,深入地让学生有所得,这就是成功。《梅兰芳学艺》这一课,胡老师其实就是在教孩子们怎么读书,目标非常明确,落实得也很到位。

【课堂回放三】

师:请一位小朋友来读读故事的开头(出示第一自然段)。

师:这一段里有许多轻声和儿化音,你能读好吗?(出示:小时候、眼睛、神儿、料子)

师:谁能把他们放进句子里再读一读。

生1:……

生2:……

师:小朋友,你们听,读好了儿化音和轻声,我们的语句也变得柔美起来。一起读。

【课堂回放四】

师:老师这里还有两组短语,谁会念。(出示短语:飞翔的鸽子、游动的鱼儿)

生1:……

师:老师听到你把"的"读得又轻又快,真好听!还有谁想来读读看?

生2:……

师:老师告诉你一个秘密,如果你能把"飞翔"和"游动"读得响一点,就会更好听!再试试。

生2:……

师:小朋友们,在短语中有些词语起着重要的作用,我们就要读得响一点、重一些,这就叫作重音。我们一起来读好它们。

(生齐读)

师:非常棒!我们继续读。

(继续出示短语:空中飞翔的鸽子、水底游动的鱼儿)

师：小朋友们自己在下面读读，看看重音有什么变化？（巡视，指名读）

师：老师听到这会儿你把"空中"和"水底"读得重了些，真好听！

师：原来，当我们把短语加长的时候，它的重音发生了变化，在这两个短语中，重音变成了"空中"和"水底"，而"飞翔"和"游动"变成了次重音。谁愿意再来试试。

生：……

师：真不错，我们在朗读的时候运用多种方法去处理重音，就可以使句子富有变化，更加吸引人。我们一起来读读。（读四组短语）

师：（出示句子：他常常∣紧盯空中飞翔的鸽子，或者∣注视水底游动的鱼儿）谁能读好这句句子。

生：……

师：你的重音读得真不错，我们要把句子读得有节奏，除了读好重音以外，还要在适当的时候停顿一下，谁来试试！

生：……

师：你把句子的节奏感都读出来了，让我们一下就能听明白！让我们一起来读一读。

从以上两个教学片断中可以清晰地看出，胡老师在朗读的指导上是花了一番心思的，从轻声、儿化音到重音，再到重音的变化以及句子的节奏，层层推进，扎扎实实地教孩子们怎样读书，而孩子们的变化和进步也是在课上当堂呈现的。这样的课堂才是真正符合孩子需求的、有着持久生命力的课堂。

作为一名语文教师，我们应该首先理清课程内容、教材内容和教学内容三者之间的关系。语文课程内容是指语文教学中"应该教什么"，语文教材内容是指语文教学"用什么去教"，语文教学内容则是指"语文教学实际上教了什么"。语文课程内容、教学内容需通过教材这一载体来落实。通过对"教材"本质的一路追问，我们不难发现，课程内容、教材内容、教学内容三者既有差异又有联系：语文课程内容附着于教材内容中，又必须依靠教学内容的准确确定才能得以实施；教材内容是连接课程内容和教学内容的纽带；教学内容是整个课程目标与内容的最终结点。只有教师将隐含于教材中的语文课程内容的学习资源准确地挖掘出来,并有效地组织教和学,即将课程内容、教材内容转换成教学内容,课程内容才能得到实质性的落实,课程目标才能有效达成。因此我们应该不懈追求的是:基于语文课程目标与内容,充分挖掘教材中蕴含的教学资源尤其是教材中蕴含的语言学习、理解、运用的资源,从而根据语文学科特点、学生学习发展需求准确设定教学目标,研制教学内容,有效实施教学活动,促进学生语文素养的发展。

不同的文本体式,其阅读特点不同、取向不同,教学方法也不一样。因此从文本体式特征入手,探讨个性化、创造性的解读和应用,应成为我们研究探索的第一步。语文课就应该让学生扎扎实实学语文,在扎扎实实学语文的过程中学会学语文。

文化继承视野下的语文课堂教学内容选择

培育学生的核心素养,是当下热议的话题之一。基础教育阶段,学生的核心素养到底包括哪些方面,这些方面又以怎样的比例构筑核心素养的基石,已经成为大家关注的焦点。以文化传承为基本使命的学校教育,以培育学生的核心素养为己任,可以说责无旁贷。我们认为,对本民族文化的理解与传承,是学生核心素养的重要组成部分。因此有必要就文化继承的问题展开系统的探索与研究。

在学校课程体系中,与民族文化关系最为紧密的当属语文学科。那么语文学科该如何实现传承发展民族文化的价值呢?眼下,不少学校找到的路径是让传统文化进教材、进课堂。但面对进入课堂的传统文化,教师该如何开展继承性的教学工作引起了广泛的热议。纵观学校课程层面的举措,在传统文化继承上的新尝试似乎并不多见,最为人所熟悉的当属"经典诵读",仿佛对传统文化的继承就只有让孩子诵读这一种模式。

这种模式本身有没有问题呢?苏教版小学语文教材主编朱家珑先生曾鲜明地表达过一份担忧。他极力主张,小学语文课程要为学生打下"立足于传统文化的精髓,着眼于创新精神培养"的具有实践性的基础。他认为,一方面,民族文化传统的继承与创新精神的培养关键在于我们继承了什么以及如何继承的问题。继承什么,简单地回答就是在现时代具有积极意义的传统文化的精华,但如果对这种精华的继承是通过"死记硬背""机械训练"的方式获得,那么这样形成的基础,无疑是阻碍创新精神的基础,是造成密切联系的两者相互矛盾的始作俑者。[①]

如何继承才不是"死记硬背""机械训练",才有利于形成具有创新

---

① 朱家珑.传承与创新:论小学语文课程的文化品性——兼谈国标本(苏教版)小语教材的文化观[J].教育理论与实践,2007(10):8-11.

潜力的良好基础？这就是本研究思考问题的起点。从学校课程的角度来看，死记硬背的"传承之法"把文化的继承看成是学校课程之外的新增内容，通过增加经典诵读的课时来达到继承传统文化的目的。但是，这种做法把传统文化的继承变成了学校课程的附属，如此是否能够达到文化继承的真正目的是很可疑的。文化的继承当然需要诵读各种经典文本，但并非仅此一法就足够，因为文化是活的，不是停留在文献中的符号。因此我们需要改变思考问题的视角，试图站在语文课堂教学的平台，尝试提出语文课堂教学中文化继承的路径，以期打开问题解决的思路。

一

本文谈论的文化继承之文化首先指中国传统文化。因为学校教育本身就是传递民族传统文化的重要途径。我们的传统文化中有一部分是活生生的，是化入我们的日常生活行为模式中的，它虽是过去创造的，但不是过去了的东西，它是活物。另一些没有化成现实的观念，也在文献中传了下来，就是遗迹。遗迹是不能复活的，它可以是我们进行文化创造时借以开发和利用的资源。因为继承只能是面向未来而不是过去的，而真正能够继承下来的往往是一种精神性而非知识性的东西，是一种无形的思维方式和一种能够持续创造文化财富的能力。因此，本文所谈论的文化继承之文化，不仅包括文献中的符号，而且更侧重于在活的、动态的、当下的语境中的传统文化。

除了传统文化的大的文化语境之外，地域文化的继承也是学校需要面对的问题。笔者所在的学校有着深厚的江南水乡文化的底蕴，而水文化是其中最具统领性的文化要素。所以本文所谓之文化的狭义内涵特指江南水乡的水文化。水的文化阐释是本文的立论基础。笔者试将水文化的精神开掘作为传统文化继承的方法论基础，它不仅包含对文化传统中的水文化进行课程开发与实施，而且更注重在教育理念、课程设置、教学思路上体现水的"不争""就下""上善""善仁""善渊""无为而无不为"等文化品性，以缓解和克服当前语文教育教学中的病症和问题。

基于这一理念，我们就需要对语文课堂教学内容做些具体的分析。从语文教师教学角度分析，它有三层含义。一是教师为达到教学目标，在教学现场所呈现的种种材料，尤其是从教材中选择、经过二次开发的文本形式的教学内容；二是教师在课堂中开展的与语文教学能力目标相应的言语活动形式的教学内容，包括各种与达成具体能力目标相关的阅读活动、写作活动、口语交际活动以及研究性语文学习活动等；三是教师教学行为所产生的隐性课程的影响，这是无意识的文化存在，但也是一种教学内容。

因此，从文化继承的角度来讨论语文课堂教学内容的选择问题，可以看作是精神层面开掘传统文化资源的尝试（它区别于简单的附件经典诵读内容的物质层面的开发）。以传统文化继承作为当下改革语文课堂教学的思想资源，并将这种改革聚焦在教师选择、转化、生成、反思语文课堂教学内容上，可能是一条有效的路径。

二

语文课程与文化有着天然的血脉联系。语文教材中承载着符号形式的人类文化的经典。语文课堂教学中的言语活动以及学生所体验到的"经验"就是一种文化的传承。同时由于加入了教师和学生的创造性，这种文化传承不是简单的复制，而是传承与创生并存。因此从文化继承的角度来研究语文教学内容的变革也就具有了合理性，因为它们具有文化的同源性。

水的文化解读蕴含着传统文化的核心精神。对水文化的深入剖析，是继承传统文化的一条有效路径。中国的传统文化丰厚博大，继承和创新的工作需要找到一个合适的切入口。对水文化的深入研究，有助于更好地继承传统文化，或者说，这种剖析和深入的挖掘本身就是一种纵向的精神层面的继承。

关于水文化的已有研究给我们提供了很好的启示。传统文化中对于水的阐释，多寻求水性在精神层面与人性的相通。传统文化中的水，包含智慧之意。孔子说："仁者乐山，知（智）者乐水。"朱熹曾对孔子的"知者乐水"做过如此解释："知者达于事理，而周流无滞，有似于水,故乐水。"这就是说,明智的人为人处世很通达圆融,很灵活变通,与水性相似。水还是最高境界的善德。老子在《道德经》第八章中说:"上善若水。水善利万物而不争,处众人之所恶,故几于道。"意思是最高境界的善莫过于水。因为水善于滋润万物而不争利,它往往停留在众人不喜欢的低洼沟渠等地方,所以水最接近于自然的道德标准。不言而喻,要想成为具有高尚道德的人,就应效法水的这种滋润万物而不争的无私奉献精神,学习水的甘居低处、低调做人的谦虚品格。正因为如此,所以在中国传统的文学和哲学思想中,水不仅贯穿其中,还具有源头的思想价值。从哲学层面看,水文化是中国文化的母体文化。中国水文化的哲学是有其自身特点的:以观水的直观性,启迪哲学文化的人生观、世界观,阐述人格的魅力;以察水的联系性,升华哲学文化的特质观、辩证观、思维观;以治水的实践性,启发哲学文化的规律性、发展性、能动性。[①] 在中国的文学史上,水的地位也是至高无上的。如果缺少了水,那么一部中国文学史就会变得失血失魂。如果没有水,中国最早的诗集《诗经》和《楚辞》,则一大半不复存在。

  水文化的相关研究表明,水的文化意蕴在今天仍然在文化发展层面具有勃勃的生机。尤其在对其进行教育学解读,特别是语文教育视角的解读时我们发现,水的文化精神是当下教育变革、语文教学变革的重要文化资源。就其他课程而言,走借鉴别国教育文化、教学文化的道路,有助于改善其课程教学,但语文课程是民族性很强的课程,所以语文可能就无法简单依靠借鉴模仿了。语文课程教学的改进,更需要从民族性的思想智慧和思维方法中去开掘资源。

  当下已有的关于教学内容的研究,大多关注"教什么"的问题,特别是在有些学者提出"教什么比怎么教更重要"这样的提法之后,教学内容往往就局限在教师如何对教材进行二次开发、选择课程内容上了。但学生真正体验到的教学内容,并不是教师层面的,而是文本符号与教学行为互动融合的经验,即教材内容和教学行为相互作用形成的言语经验。对于教师来说,教学需要有一个由静到动的转化。同时对于学

[①] 潘杰.以水为师:中国水文化的哲学启蒙[J].江苏社会科学,2007(6):102-104.

生而言,教师的教学行为中所蕴含的更深层的教学文化也会日益积淀成教学内容,这是由动到静的转化。关注这两方面的转化,是改变当下语文课堂教学的重要切入点。

三

如何选择更合适的教学内容,使得语文教学更利于从实质上继承民族文化和地域文化,这需要有坚实的思想基础。首先需要对经典思想做出现代诠释,需要从经典思想的当代诠释、教育诠释、语文教学诠释等层面来理解这些经典对于语文课程教学的启示,将重点放在对语文课程内容(包括语文知识、学科思想方法、言语智慧、情意价值观等)的理解与教学选择上。比如"语文课教什么",一定程度上取决于对语文知识形态的理解。研究水文化有助于摆脱"字词句篇语修逻文机械训练"和完全否定语文知识的误区,以一种与书法、绘画相一致的具有民族特性的思维方式,从水的流动性与生成性去理解动态的语文知识。这对于改变语文教学的现状,形成"简约、大气、平实、智慧"的教学风格具有一定的指导意义。比如水文化中的"上善若水""善渊""善任"等"水德"思想对设置课程目标有一定的启示;"就下""利万物"有助于我们进一步匡正对为孩子打下怎样的语文基础的认识;"无为而无不为""生而不有,长而不宰"有助于进一步改变烦琐分析的教学现状。

有了这样的思想基础,我们就可以试着从文本、言语实践活动和教学文化三个层面改善已有的课堂教学内容。

从文本形式的教学内容变革来看,这是基于语文教材的研究,是国家课程的生本化。国家课程作为一种体现国家意志的法定课程,它覆盖区域广袤,因此各地学校和教师都需要在教学中对之进行深度的开发,使之成为校本、师本和生本的课程。笔者曾主持研究教材创造性解读的省级课题,与学校课题组老师一起,初步完成了从国家课程到教师课程的转变。在这一基础上,我们还需要更加深入地研究教材内容,在创造性解读的基础上向下推进,将教师的理解转化为学生可理解的内容。这是教学内容变革的第一重转化。

从言语实践活动层面的教学内容变革来看,从教材内容研究而来的学生可接受的教学内容还是静态的教学内容,需要经过教师的设计,转变为课堂上丰富活跃的言语实践活动。这是一种体验性的教学内容,它不仅融入了教师的创造性理解和开发,还融入了学生的个性建构。这种言语实践活动的变革,紧紧围绕2011年版语文课程标准的核心理念"运用",它可以有多种类型和指向,如为了积累的言语实践、为了理解的言语实践、为了交际表达的言语实践、为了精神建构的言语实践,等等。在这一层面的教学内容变革中,教师需要将静态的教学内容转化为动态的课堂经验。这是教学内容变革的第二重转化。

从教学文化层面的教学内容变革来看,需采用课堂观察的形式,反思语文教师的课堂教学内容的文化价值,尤其是对学生和教师的隐蔽的、潜在的却长久的、深入的潜移默化的影响。如教师对多样理解的重视会有利于学生思维开放性的发展等。应借助对教学内容的文化反思,改变教师的意识和教学行为,力求形成大气、从容、简约、厚实、智慧的课堂教学文化。这种对课堂教学内容的文化反思是将可见、可感的教学经验转化为精神层面的文化影响,并进而指导教学实践的过程。这是教学内容变革的第三重转化。

四

我们还须研究语文教学方式的变革。需要从继承与发展传统文化的角度出发,寻求改革当前学校语文教学现状的文化路径。进行这一思路的探索并非出于偶然,而是希望从以下几个方面有所突破。

一方面,尝试走出一条新的继承优秀传统文化的语文教学路径。文化继承在语文教育中最常见、最简单也是最缺乏继承性的方式就是被广泛采用的经典诵读。似乎重新复活这些以符号形式存在的古代思想,就能够使它们于今人有益。笔者认为,这虽然是一条路径,但不是最有效、最合适的,还需要有新的继承方式。古代已存的精神文化,都可视作属于人类总体的价值和精神,它们都揭示了人类生存与发展中的一些本质,但是只有"当它所揭示的类本质和类价值具体展现在特定时代的社会普遍精神和心态中,才能找到同社会现实进程的直接的契合点"①,真正能够继承下来的往往是一种精神性而非知识性的东西,是一种无形的思维方式和一种能够持续创造文化财富的能力。这种精神性的、无形的、非知识形态的、活的继承是本文力求提出的一种继承方式。

另一方面,这一思路可能也是改善母语教学现状的一种文化策略。一段时间以来,"借鉴"外域的教学思想和方法来改变本土的课堂教学成为一种"共识",但往往收效甚微,或者适得其反。这跟母语的民族特性密切相关。我们应研究"活的文化继承"的思路,放弃那种单一的以借鉴为主的改善教学的方式,而是以传统文化继承为基本语境,遵循民族文化一脉相承的路径来寻找改善的道路。从继承与发展传统文化的思想渊源出发,寻求一种民族化的教学改进思路,这是一种文化创新的思路。继承传统、改造传统、借鉴西方的思想等,这些事情看起来是相互分离的,甚至还会有冲突,但在理想状态下,它们是在同时做一件事情,就是思想的创作与更新。无论是古人的思想还是西方的文明,一旦拿过来以后,面对的都是完全不同的世界和完全不同的问题,如果不能够将它们合起来做同一件事情,那么思想的拼盘就显得很零碎,也不会有什么好的创造,只能够在最细枝末节的地方加以解释、重复、修补。

此外,从文本、经验、文化三个层面上,从动态而非静态、整体而非部分、建构而非传递的视角讨论教学内容的变革问题,这种整体性、连续性的视角,有助于改变当前语文教学研究领域中一些片面的观点和提法,为教师的语文教学研究提供一种新的视角。

---

① 衣俊卿.文化哲学十五讲[M].北京:北京大学出版社,2009.

教案篇

水之味　慧心向善智者乐

《赶海》教案

教学目标

1. 以读为主,入情入境,感受赶海的乐趣,激发学生对大海的热爱之情。
2. 理解"武将""战利品"。
3. 充分利用插图,激发学生想象,练习说写。

教学重点

读中感受赶海的乐趣,激发想象,练习说写。

教具准备

自制课件,歌曲《大海啊,故乡》录音磁带。

教学过程

一、导入新课

1. 上一节课,我们学习了课文《赶海》,老师首先要检查一下同学们对生词的掌握情况。

你敢挑战一下最容易错的词语吗?

出示4个词语,请学生默写。

2. 请同学们自己对照、检查,这也是你的一个能力哦。有错的同学自己订正。

生自行检查,有错的及时订正,师展示默写得好的同学的字。

3. 通过初读课文,赶海给你最大的感受是什么?

指名说说,引出"有趣"。

4. 是的,赶海是"有趣的",你觉得课文中主要写了哪几件有趣的事呢?

指名回答,相机板书。

(摸海星,捉海蟹,捏大虾,追浪花)

5. 现在,就让我们一起去赶海吧!

二、新授

(一)感悟第二小节

出示课件,赶海画面。

1. 同学们,你们眼前仿佛看到了什么呀?

出示句子,引读句子:"来到海边,刚巧开始退潮,海水哗哗往下退,只有浪花还不时回过头来,好像不忍离开似的。"

2. 你觉得有趣在哪里呢?

指名回答,交流:

- 浪花会回头
- 浪花和我追逐玩耍
- 浪花都把我打湿了
- 浪花像个孩子似的,活泼而且调皮
- 这时,你会怎么样呢?

也许还会兴奋地大喊一声:"浪花,别走,我来了……"

3. 同学们说得多好呀,老师的眼前仿佛也出现了这样的画面(课件出示海浪画面):一望无际的大海,海水湛蓝湛蓝的,远处白帆点点,在海风的陪伴下,一群群海鸥从远方飞来,我们在快乐地追赶浪花。孩子们,让我们一边读读语言文字,一边回味这美妙的场景吧。

4. 音乐声中齐读第二小节。

(二)精读课文第三小节

1. 过渡:不一会儿,海水慢慢退下去,你走在沙滩上,还想干些什么呢?打开课本,自由地读读课文第三自然段,尽情赶海吧。

学生自读课文,找找自己在海边最想做的事情。

2. 过渡:你们脸上都是笑眯眯的,你们在干些什么呀?

交流,讨论(学生讲到哪个,出示哪个):

(1) 摸海星。

出示句子:"我在海水里摸呀摸呀,嘿,一只小海星被我抓住了!"
● 你从前摸过海星吗?你能告诉老师,你是怎么摸的吗?
指导读读句子。
● 你"摸呀摸呀"为什么读得很轻很慢呢?("摸呀摸呀"变红)
(因为希望摸到一只小海星)
● 还有谁也是满心希望摸到一只小海星?再指名读读课文。
● 你摸到海星了吗?你心情如何?
进一步感悟句子:老师希望你能笑着读,你一定能摸到你喜欢的小海星的。
(给读得好的学生奖励小海星)
(2)捉螃蟹。
过渡:赶海的时候,摸小海星可真有趣,还有其他的事也让你觉得有趣吗?
自读课文,你是从哪些词语中看出有趣的?交流:
● 出示句子:"哎,那边一个小伙伴,正低着头寻找着什么。"
看到这样一个男孩子,你觉得怎么样?(奇怪,指导读好"哎")
小男孩为什么不作声呢?你知道吗?(他让我别过去,那儿有只螃蟹呢)
老师不由得想到一句话,"怕得不应人"。
● "努努嘴儿"是什么样的?谁愿意上台演一演,做一做动作。
师指导,评讲。指导朗读:可真传神,我们一起读读这句话。
● (老师接着引读"突然……")启发:刚才,同学们说"哎哟"一声叫起来时,真逼真,谁也来读读?
看来,这只螃蟹不甘束手就擒,一心想攻击他呢。
指导学生朗读。
● 启发思考:奇怪了,小伙伴明明被螃蟹夹住了,很疼,可为什么脸上笑嘻嘻的,还这么开心呢?
● 说得多好!"痛并快乐着",这可是赶海带来的独特体验,我们一起来读读这部分内容,体会体会小伙伴的心情。(板书:找　叫)
(3)赶海真是有趣极了,这边的同学享受着摸海星的惊喜,那边的小伙伴体验着被螃蟹夹疼的快乐。那么,还有什么有趣的事情呢?

● "痒痒的":理解,大虾来逗我,自己送上门,自投罗网。

● 过渡:你们读得多好呀,老师也想再来读读。

师读:它摇摆着两条长须,像戏台上的一员武将。

交流:原来,老师漏读了"活",让老师再来读读。

思考:你们听了,想说什么呢?"活"在与不在,有区别吗?

交流:是呀,写得生动了,活灵活现,不正像戏台上的一员武将吗?

● (出示武将和大虾的图)看看他们的相似之处,为什么说大虾像一名武将呢?

师小结:我们觉得武将和大虾特别像,真的是一名武将!

指导朗读。

请你说说,这只大虾给你什么感觉?(威风凛凛,神气活现)

● 可是,我没有被吓住,读最后一句。(点"只一捏")

师:对,就这样,又轻又快,谁来尝尝胜利者的滋味?

(指名读读,相机指导:你此时心情如何?为什么这么得意)

伸手轻轻一捏,就抓住了,它和螃蟹不一样,轻而易举地就抓住了,你想到了什么词语?(不堪一击　束手就擒)

小结板书:多么有趣啊,让我们再来感受赶海时的情景。齐读第三小节。

(4)拓展。

● 在赶海时,你还想做什么呢?

(晒太阳,捡贝壳,堆沙子,游泳……)

● 课件展示图片。

这么美的景色,也让我们留恋,感到有趣。难怪,小作者也闹着要舅舅带"我"去赶海。同学们,你想来说说赶海时发生的趣事吗?你可以用三四句话说说你赶海时发生的事有趣在哪里,也可以描述一下你看到的同学的趣事。(指名说说)

(三)学习第四、五小节

小结:太阳已经偏西,你的背篓里有些什么呢?你们收获真大呀!(指名说说)

过渡：你们还想留在这儿吗？为什么不想回家呀？（指名说说）引读课文。

板书设计：

			追浪花
11. 赶海		有趣	摸海星
			捉螃蟹
			捏大虾

《猴子种果树》教案

教学目标

1. 理解课文内容,能有感情地分角色朗读课文。体会反问句的语气和意思。

2. 领会这个童话故事的寓意,教育学生做任何事情要有耐心,不要盲目地听从他人。引导学生发挥想象,续编故事。

3. 指导学生编口诀,巧记生字"浇""拔",辨析形近字。

4. 能表演这个童话故事,积累课文中的语言。

5. 学会发现和表达自己内心的想法,学会说话时语言的变化。

教学重点

1. 能有感情地分角色朗读课文,体会反问句的语气和意思。

2. 帮助学生懂得做任何事情要有耐心,不要盲目地听从他人。

教学难点

引导学生通过读故事体会人物的想法,感悟道理:做任何事情要有耐心,不要盲目地听从他人。

教学准备

课件、实物投影仪、头饰。

教学过程

一、复习导入

这节课,我们继续学习第22课——《猴子种果树》。

1. 老师今天带来了三组词语,谁来读一读。

乌鸦　喜鹊　杜鹃(山羊和它们是同一类吗？为什么？)

哇哇　喳喳　咕咕(这几个词都是表示什么的词语？)

(鸟叫声,拟声词——你能再说几个这样的词语吗？)

梨五杏四　杏四桃三　桃三樱二　"樱桃好吃树难栽"(你知道这一组词语是什么吗？农谚——农民伯伯经过长期的生产劳动总结出来的经验)

2. 小朋友们把这些词语读得真好。接下来老师要来考考你们了,通过昨天的学习,谁能告诉老师猴子种了哪些果树？(梨树　杏树　桃树　樱桃树)

3. 谁还能用这个句式来说说：猴子先拔了(　)，改种(　)，再拔了(　)，改种(　)，最后拔了(　)，改种(　)，结果(　　　)。

4. 猴子种了这么多果树,为什么到头来什么树也没有种成呢？让我们带着这个问题再来读读课文吧！

二、精读感悟

1. 请自己读读课文的第一自然段。说说猴子在种梨树苗的时候是怎么做的？(天天浇水、施肥)从这个"天天"里你读出了什么？(猴子着急吃梨子,猴子很勤劳)你从一个词语就能读出猴子的心急或一个特点,你真有一双慧眼,我们读语文就是要会发现。(贴)

2. 指导朗读：现在,谁能通过朗读把你的发现表现出来？指名学生读。

评价：① 这真是一只心急的小猴子。② 从你的朗读里,我知道了这只猴子恨不得现在就捧着又香又甜的梨子吃了。③ 我听出来了,这只小猴子馋得口水都要流出来了呢。

课件出示图片：你们看,小猴子正眼巴巴地看着树苗。同学们来想一想,猴子一边浇水,一边对树苗说："(　　　　)。"说得真好,我们学语文不光要会发现,还要大胆说。(贴)

小猴子可真着急啊！让我们一起来读一读。

3. 学习第二、三自然段。

过渡：这可真是只心急的猴子啊！他天天浇水、施肥。日子一天天过去,梨树苗慢慢发出了嫩芽,长出了新叶。正当梨树成活的时候

(示短语:"正当梨树成活的时候"),听,谁来了?(课件示:乌鸦声音)

他对猴子说了什么?请同学们拿出笔,画出乌鸦说的话,再读一读。(谁愿意先来做小乌鸦读一读)(原来小乌鸦是来劝猴哥的呀)

● 小乌鸦一共说了几句话?(三句)第一句是怎么说的?

出示:"猴哥猴哥,你怎么种梨树呢?"

为什么小乌鸦要连喊两声猴哥?(着急)谁也来着急地喊一喊?

乌鸦有什么急事呀?(让猴哥别种梨树,种杏树)是的,小乌鸦对猴哥种梨树感到着急和担心,谁来读读这句话。

评价:① 你真是一只着急的小乌鸦。② 我听出来了,你很担心猴哥呢。

● 乌鸦叫猴哥不要种梨树,它有什么理由啊?

"梨五杏四。"(你真会读书,一下子就读懂了谚语的意思)

● 乌鸦光说了这两句还不够,它又说了第三句,谁来读啊?

出示:梨树要等五年才能结果,你有这个耐心吗?

从这句话里,你听懂了什么?乌鸦的意思是——他觉得猴子不会有耐心等五年。(请学生将乌鸦的意思读出来)(你真聪明,好像走进了乌鸦的心里面)(你真会发现,从这个问号里面读出了乌鸦心里真正的意思)

哪只小乌鸦将这段话连起来再读一读。

小乌鸦真是很担心猴哥呢,那猴哥又是怎么想的呢?

出示:对,五年太长,我可等不及。

① 五年有多长呢?举个例子,五年以后,我们就小学毕业了。你们觉得五年长不长?

② 要等五年,猴子可等不及。谁把猴子的想法再来读一读。

共同评价:是否把猴子急不可待的心情表现出来了?突出了猴子的着急吗?谁能有表情地读一读?

我们一起来读。

③ 于是,猴子就拔了梨树种杏树。

老师和大家合作朗读课文。男同学读乌鸦的话,女同学读猴子的想法,老师读旁白。

你们看,我们发现了小动物话里的意思,发现了猴子内心的想法,故事读起来就更有趣了。

接下来,哪位同学能用上老师给出的词语,简单地说说这两段的意思?

出示:乌鸦,梨五杏四,等不及,拔掉,改种。

评价:你们看,抓住了文中的关键词语,我们就能用简单的话把文章内容说清楚了。

(当学生畏难时,鼓励大胆说)

4. 学习第四至七自然段。

过渡:猴哥的朋友可不少,乌鸦劝了猴哥以后,喜鹊和杜鹃也飞来劝阻猴哥了,她们怎么劝呢?同学们自己读读课文,找找乌鸦、喜鹊、杜鹃的话有什么相同点和不同点?

出示三只鸟说三段文字。

① 谚语不同(说意思)。

② 第一句句式一样,种的树不同。(你很善于比较)(相机出示)

③ 劝说的语言不同,但小动物们表达的意思相同——猴子没有耐心。

说得真好。原来啊,每次小动物们都是说那么几句话,虽然树不同了,但句式是差不多的。我们读这样的童话故事,只要善于去比较,就能学好了。(贴)

接下来我们读一读,你喜欢谁,就读谁的话,可以加上动作和表情。(学生读,注意评价)

学这个故事就是这么有趣。接下来我们就用刚才"比较"的方法来看看小猴子的想法。

对,五年太长,我可等不及。

对,四年太长,我也等不及。

对,三年也太长,我还是等不及。

这三句话可有意思了,读一读,你发现了什么?(把你的发现大胆地说出来)

① "五""四""三"数字不同。

② 第三年前加了个"也"。

③ 等不及前的字不同,第二次用"也",第三次用"还是"——语言的变化。

谁能学着猴子来说说?

出示:对,五年太长,我可等不及。

对,四年太长,我(　　)等不及。

对,三年(　　)太长,我(　　)等不及。

是啊,小猴子等不了那么长时间,最后他种下了樱桃树,可是他吃到樱桃果了吗?(没有)是啊,(引读)猴子哪里知道,樱桃好吃(生读)树难栽,一连几年都没有栽活。就这样,(生读)这只猴子什么树也没种成。

这真是个有趣的童话故事,要是演出来,会更有趣的,让我们一起来"学表演"。表演是很简单的,只要加上动作表情,把自己当成这个角色就可以了。现在你想演谁就演谁,自己先练练,然后上台演。(指导表演:猴子在种树,小鸟们是飞来的)

三、帮助理解寓意,进行说话练习

1. 刚才那只猴子呢?老师来采访你一下,你为什么没有种成果树呢?谁来帮帮他呀?

相机板书:没有耐心,没有主见。

2. 现在,请大家帮猴子想想办法,怎么办才能吃到果子?(提示学生应该怎样,不应该怎样)(把你的想法大胆地说出来吧)

(评价)

大家都大胆说出了自己的想法来帮助这只没耐心的猴子,现在我们要给这只猴子做个好榜样了。接下来就让我们有耐心地、有方法地来学一学今天的生字。

四、学习生字

1. 出示生字,谁已经通过预习认识他们了?(出示并组词)

2. 指导"拔":

① 谁来告诉老师你是怎么记住它的?

② 歌谣法：手举一个点，放在朋友肩。
③ 谁会写了？

老师示范板书，同时指导结构。

3. 指导"浇"：

① 谁来说说你是怎么记的？
② 右边还在哪些字里见过？（还有什么字可以换部首）

总结：通过换部首的方法，我们不仅可以记住生字，还可以记住一系列形近字。

老师示范板书，指导结构。

4. 学生描红，临写。

5. 反馈（用上实物投影仪）。

五、巩固延伸（任选一题）

1. 课后，请同学们自由组合，演一演这出童话剧。
2. 第二年春天，这只小猴又要种果树了，这一次他种了什么呢，结果怎样呢？请同学们把这个故事编下去，写下来。

板书设计：

22 猴子种果树

会发现　乌鸦　梨五杏四　没有耐心
大胆说　喜鹊　杏四桃三　没有主见
善比较　杜鹃　桃三樱二
学表演

《军神》教案

一、复习

1. 给大家一分钟的时间,再读读课后第三题的词语。
（1）听写：担心、损伤、职员、男子汉。
（2）听意思写词语：肃然起敬、一声不吭、汗如雨下。强大的"强"字在课文中有个多音字,请写下并组词。

2. 上节课我们学习了《军神》一课,课文中军神是谁呢?（刘伯承）

3. 自读课文,谈谈你对课文中的军神刘伯承有些什么样的了解。

二、感悟课文内容,深入体会人物精神

1. 老师觉得刘伯承和我们一样有血有肉,不会刀枪不入,也会受伤,是个凡人。（板书：凡人）

（1）当他走进沃克医生诊所的时候,（出示课文第一小节）他一开始说自己是刘大川,还说自己是邮局的职员。医生问职业姓名的时候,他居然不说真话,这是为什么呀?（相机辅导）

*1916年的那个时候,是中国清朝刚刚灭亡的时候,袁世凯他要做皇帝,所以孙中山领导辛亥革命,来推翻袁世凯的统治。刘伯承参加了革命军,带领军队和袁世凯的反动军阀进行战斗。在这战斗当中他的眼睛受了伤,到德国医生沃克先生的诊所里去治疗。当时周围都是反动军阀的统治,他要去看病,反动军阀袁世凯能答应吗?

（2）正是因为当时如此复杂的环境,所以他在隐瞒身份和职业。但是沃克医生一看,就知道他不是一位平常的老百姓,他是——军人。沃克医生是怎么看出来的?课文中有这么一句话,找到了吗?（"不,你是军人。"沃克医生有些不悦,"我当过军医,这么重的伤势,只有军

人才能如此镇定。")

① 这么重的伤势,这个伤势到底重在什么地方,怎样严重呢?请同学们阅读这样一段话,轻声地读一读,然后告诉大家,刘伯承的伤势严重到什么程度。(补充课外资料)

＊在丰都战斗中,刘伯承身先士卒,带头冲锋。当他掉头招呼一个落在后面的士兵时,却不幸被一颗敌弹射中。子弹从颅顶射入,从右眼眶飞出,血流如注。他当即昏厥倒地。过了一会儿,刘伯承苏醒过来,他试图站起来继续指挥战斗,却又重重摔倒在地上。他匍匐爬行,终因体力不支昏倒在一家水烟店前。

② 对,这个伤势,子弹从头顶射进去,又从眼眶里射出来,把眼珠都射出来了。是刘伯承自己用刀把经络割断。同学们如果是你,这样严重的伤势,你会怎么样?

③ 但是课文中写,刘伯承他是怎样去诊所治疗伤势的? 是一个人走进诊所。而且他对沃克医生怎么说的?"我的眼睛被土匪打伤了,请您给治治。"非常镇静。一般人做不到,只有军人才能做到。看到刘伯承这样的军人一般都会——敬佩、敬重。

④ 可是沃克医生怎样说? 有些不悦地说。什么叫不悦? 反复练读,体会人物感情。

小结:我们知道了刘伯承他不是一般的人,是一位军人。既然沃克医生知道他是军人,后来为什么称赞他为军神呢? 一个人具有什么样的品质才配得上"军神"这一称号呢?(勇敢、坚强)

2. 请读读课文的第二、三、四、五自然段,找一找里面哪些地方让你感觉到了刘伯承的坚强、勇敢。

(1) 请你轻声地读,一边读,一边把它画出来,看哪个小朋友最认真、最投入。开始。

(2) 出示:要动手术了,可年轻人却坚决不愿意使用麻醉药。

● 一般的人开刀要用什么。

● 他一点药也不用,一点麻醉药也不用。(板书:一药不用)

● 刘伯承元帅为什么坚决不愿意使用麻醉药?

(3) 出示:他恳切地对医生说:"眼睛离脑子太近,我担心使用麻醉药会损伤脑神经。"

● 对于一名元帅而言,损伤了脑神经,会有什么后果?(不能再领兵打仗,不能再领导革命)

所以他是——恳切地说……指导朗读语气。

(4)出示:年轻人脸色苍白,勉强一笑:"我一直在数你的刀数。"

● 你从哪里看出刘伯承的坚强?

(手术后,没有萎靡不振,反而"勉强一笑",与沃克谈笑自若)

● 他在数人家开刀的刀数是吧?是多少?有漏吗?(72刀)(板书:一刀不漏)

(5)出示:沃克医生愣住了:"你,你能忍受得了吗?"年轻人平静地说:"能。"

● 这时沃克医生他愣住了,为什么?假如你是沃克医生,面对此情景,你会想——(引导想象)

(6)出示:年轻人一声不吭,双手紧紧抓住身下的白色床单,汗如雨下。手术结束,崭新的床单竟被抓破了。

他一声不吭,我看不出刘伯承是否疼痛。刘伯承痛吗?

课文中有一个痛字吗,请同学们告诉老师,有哪些地方没有写痛字,却能反映出非常痛?(汗如雨下、紧紧、抓破)

我们在生活中也会摔跤,也会受伤,也会感到痛,但刘伯承在手术中面对的痛苦是我们的几百倍,甚至几千倍,是一般人想象不到的,还有哪儿没写痛字却能反映出非常痛?

(7)出示:手术中,连一向镇定的沃克医生双手都微微颤抖。他对年轻人说:"你要是挺不住,可以叫出声来。"

讨论:

● 为什么医生允许他叫出声来?(体现了沃克医生对他的担心和关爱)

● 沃克医生的双手做过上百次手术,但今天为什么会微微颤抖?作为一个医生他清楚地知道,这样的手术一般的军人都忍受不了,所以是微微颤抖。

(8)出示:沃克医生擦着汗,对年轻人说:"我真担心你会晕过去。"

● 同学们,我们知道,刘伯承这么多的疼痛都能忍受,这是一般的军人做不到的。

(9) 所以沃克医生最后不禁失声喊道:(学生齐声)"了不起!你是一个真正的男子汉,一块会说话的钢板!你是一位军神!"

● 好,这几句话该怎么读呢。这里有三个感叹号,谁愿意来读给大家听一听?

● 这三个感叹号,你知道表达什么感情吗?

(敬佩的感情、赞美的感情)

● 好的,把这种感情带进去,读一读沃克医生的这几句话,自己练习。(学生自由读)

● 我们一起读一读。

男子汉有真的假的吗?(这儿指坚强)

● 师:对,真正的男子汉,在困难面前,能够忍受。真正的男子汉是——在困难面前,能够坚持,意志如钢。

● 同学们对这个男子汉,就有一种敬意,对不对。我们再来读这段,了不起!读。

● 会说话的钢板。钢板是什么样的呀?为什么把刘伯承比作一块会说话的钢板呢?

(钢板是坚硬的,会说话的钢板就是说这人很有用)

● 钢板和刘伯承之间有一点是相同的,是什么?

(坚强)

对,坚强、坚硬,刘伯承是意志如钢,像钢板一样,对吗?他的毅力超过了一般的人,毅力非凡,这样的人才称之为真正的男子汉、真正的军人,是军人当中的军人,被称为——军神。

请同学们齐读第二至五自然段,好不好?再次体会一下,刘伯承他能成为一位真正的军人、真正的军神的原因。

(10) 学习最后一小节。

● 老师发现你读得特别认真,老师再奖励你一下,我奖励你读最后一个自然段,因为你读得太好了。

● 读得比老师好,请告诉我们,刘伯承他是用怎样的语气、怎样的语调来说自己的名字的,他是怎样说的?请你加一个提示语,刘伯承他是怎样说的?

● 是平静地说、淡淡地说,是不是啊?他不张扬,认为作为一名军人,忍受这样一点痛苦,是能够做到的。这样的军人才能真正称为军神。一起读课题(齐声)——军神。

同学们,刘伯承被称为军神,绝不仅仅是因为这次手术。(看屏幕,老师读)

*他文武双全,戎马一生,他领导晋冀鲁豫野战军,用小米加步枪,战胜了全美械装备的国民党军队,令蒋介石惊慌失措、心惊胆寒。与华东野战军合作,导演了百万雄师下江南的一幕。新中国成立后,他创办了国防大学。这是中国最高军事学府,被誉为"将军的摇篮"。他为祖国的解放和建设事业献出了毕生的心血,立下不朽的功勋。他堪称中国的——军神。

一起再来读课题:

(齐声)——军神!

总结:同学们,我们今天学习了课文,知道所有平凡的人,只要勇于战胜自己,有意志、有毅力,他都可以做到凡人做不到的事。我们每个同学也都可以通过努力做到。让我们牢牢地记住这样一个值得我们敬重的名字,他叫——军神。

《梅花魂》教案

教学要求

1. 思想品德要求：基本读懂课文，感受外祖父对祖国无限眷恋的思想感情，领悟梅花不畏"风欺雪压"的品德。

2. 知识要求：认识"撩""眷"这两个字。

3. 能力要求：正确、流利、有感情地朗读课文。

教学重难点

理解外祖父爱梅花，并在爱梅花中寄托了爱祖国的思想感情。

教学过程

一、导入

1. 读课题。你对梅花有哪些了解，课文中也有这么一段描写梅花的语句。（多媒体1出示句子）

2. 先请同学们自由读，再指名读。

3. 你有什么疑问呢？

4. 过渡：同学们很会读课文、想问题。这节课，首先来讨论课文为什么以"梅花魂"为题呢。

二、检查预习情况

1. 过渡：看，故乡的梅花又开了，那朵朵冷艳、屡屡幽芳的梅花，总使我想起漂泊他乡、葬身异国的外祖父来。（多媒体画面2）望着梅花，我与外祖父之间的件件往事浮现在眼前。（有音乐）

2. 通过预习，你能说说文章写了哪几件事？

3. 谁能再简要说说课文的主要内容。（出示多媒体画面）

三、自学

1. 课文为什么以"梅花魂"为题呢？你是怎样感受到的？请同学们自己读课文，自己考虑，画出最使你感动的语句，在旁边写上自己的感悟以及你的疑问。（自读3~4分钟）

许多同学都在用心读书，看来已养成了独立阅读的好习惯。同学们一定会有自己的体会，请大家在小组内讨论、交流。

2. 谁已经能回答为什么以"梅花魂"为题了？你是从哪些句子中体会到的，你是怎么理解的？

语段A：唐诗宋词，思乡之情。评价一下他的朗读。

儿时的我不理解，此时外祖父心中想起了什么？

再读。让我们带着浓浓的思乡之情一起来读。

思乡之情，课文还有哪儿表现了，谁来补充？

语段B："想不到外祖父竟像小孩子一样，'呜呜呜'地哭了起来……"让你体会到了什么，谁读懂了省略号？（齐读）

你们的阅读，让老师感受到了一个远离祖国的游子对家乡的那份深深的思念之情。

语段C：衰老了许多……被什么催老的？也有同样体会的同学一起来读这一句。

语段D：船快开了，妈妈只好狠下心来，拉着我，登上大客轮。外祖父回去了吗？（学生读下一句）你读得真好，告诉我，你的感受。外祖父为什么要送这块手绢呢？谁能想象外祖父对梅花的那份珍惜？你还读懂了哪些表达外祖父情感的语句？

四、拓展练习，总结全文

1. 外祖父就是这样一位时时刻刻都牵挂着祖国的老华侨。他在临终前不忘嘱咐家人，一定要把他的骨灰带回祖国去。我们完成了老人的遗愿，把他安葬在梅花树下。又一年的冬天来临了，我们带着梅花去看望老人，你想说些什么呢？（学生写两三句，并交流）

2. 现在你明白文章为什么以"梅花魂"为题了吗？

3. 总结：是啊，古往今来，由于许多历史原因，很多像外祖父一样的中华儿女，流落他乡（多媒体9）。他们虽身穿洋装，说着异

地的语言,但胸中仍跳动着一颗中国心。(看画面,唱《七子之歌》)

在歌声中,我们体会到了爱国华侨们的心声。让我们都做像梅花一样有一身傲骨之人!

《美丽的丹顶鹤》教案

教学要求

1. 通过朗读,体会丹顶鹤的美丽,懂得要保护丹顶鹤。
2. 有感情地朗读并背诵课文第二、三自然段。

教学重难点

有感情地朗读课文第二、三自然段,感受丹顶鹤的美丽。

教学准备

多媒体、录音等。

教学过程

一、谈话导入

1. 我们继续学习——第20课美丽的丹顶鹤。
2. 我们先做词语过关的游戏。

出示字词:

引吭高歌　　展翅飞翔　　逗人喜爱
黄海之滨　　三五成群　　无忧无虑

(1)开火车读。

(2)同学们读得真好。通过之前的学习,同学们对课文一定有了初步的了解,现在请大家用上这些四字词语来填空。

冬天快到了,丹顶鹤来到_____。在这里,它们_____,_____地生活着。丹顶鹤的样子很_____,有时在地上_____,有时在天上_____。

(3)喜欢丹顶鹤吗?你觉得它很——美丽。

小朋友说得真好,还想再请大家读读词组。

美丽的丹顶鹤　　嘹亮的歌儿　　遥远的北方

洁白的羽毛　　　神仙的旅伴　　无忧无虑地生活

同学们觉得这些词组读起来——特别优美。

老师把第一行优美的词组连起来,变成了句子。请你来读:

冬天快要到了,一群群美丽的丹顶鹤,唱着嘹亮的歌儿从遥远的北方飞来。

4. 丹顶鹤是怎样飞来的呢?（走下去采访2～3人）

是啊,丹顶鹤心里可快乐呢!

5. 带着这样的感情我们再来读第一自然段。

二、授新课

接下来,我们再次走近这群美丽的丹顶鹤。打开语文书,读一读课文的第二、三自然段。看看丹顶鹤具体美在哪儿?小耳朵听仔细了,老师建议大家拿出铅笔画一画你找到的词语和句子。听明白了吗?

（一）第二自然段

学生任意说哪句,就出示第二自然段。你是从第二自然段中看出了丹顶鹤的美。

1. 在你的眼中丹顶鹤怎么样?（美丽）我们来做一次小画家,要画这样一只丹顶鹤,你要准备哪些颜色的颜料。别着急,再仔细读读这段话。

2. 哪个词语让你知道要用白色的颜料?（学生说）

3. 出示:"丹顶鹤有一身洁白的羽毛"。

（1）引读:"丹顶鹤有一身——洁白的羽毛。"（多媒体画白色的羽毛）

（2）这是一般的白吗? 是啊! 小画家们在画的时候别忘了丹顶鹤的羽毛是洁白的,不带一点颜色。

（3）谁能用朗读将它描绘出来。（2～3人）

（4）我们一起来读一读。

（出示丹顶鹤图片）丹顶鹤身上的羽毛都是这洁白的颜色吗?

生:"而脖子和翅膀边儿却是黑的。"（多媒体涂黑色）

这一黑一白多美呀！小画家们，你们谁能将这些颜色的美通过朗读的方式表现出来呢？

在简笔画的下面出示"丹顶鹤有一身洁白的羽毛，而脖子和翅膀边儿却是黑的"。

指名一人读后齐读。

4. 师：黑色和白色都画好了，可以了吗？

（1）丹顶鹤的头顶是什么颜色的呢？小画家们拿起笔一起来画一画。

（2）你是从那些词语中看出来的？（红宝石、鲜红、丹）

红宝石：小朋友们真会找，在这里，将丹顶鹤的什么比做了什么？这就是比喻的方法。

（3）是呀，"丹"就是红的意思。怪不得人们叫它——丹顶鹤。（用红笔描"丹"）

洁白的羽毛镶上黑色的边儿已经很美了，再嵌上一颗红宝石，那就——更美了！（多媒体点头顶变红）

个别读后再齐读。

学着他的样子一起来读一读。

5. 小画家们用画笔画出了丹顶鹤——颜色美。让我们一起美美地来读这一自然段。

（二）第三自然段

1. 过渡：小朋友们有一双会发现的眼睛，发现了丹顶鹤颜色很美，你们还发现了丹顶鹤哪儿很美？

（多媒体出示丹顶鹤图片和第三自然段）

2. "丹顶鹤的腿长，脖子长，嘴巴也长。"

（1）刚刚有同学说到了这一句，谁来读一读？再请一个同学。

（2）看看图再读读这句话，你觉得丹顶鹤长得有什么特点呀？

（3）你怎么会觉得它美呢？（腿长、脖子长、嘴巴长也美呀）

（三个"长"变红）是啊！丹顶鹤的腿、脖子和嘴巴都长，长在它的身上是多么协调，它的形体多么优美啊！用一个词说就是——高雅。（你是从哪里知道的）

(4) 谁能把这三个"长"读好？（我听出……很长,其他的好像没有听出来）

反复读。

读到这里,我们发现丹顶鹤不但颜色美——形体也美。

(5) 过渡：谁还有不同的发现？

3. 第三句。

(1) 看,一群丹顶鹤飞来了。（丹顶鹤的下面标上序号）

出示："丹顶鹤不论……还是……都显得……"

(2) 是呀,像这样朝着蓝天伸长脖子放声歌唱就叫作——引吭高歌。指名读。齐读。（点红引吭高歌）

评价：你读得真好,老师仿佛看到了一只正仰天歌唱的丹顶鹤,真美。

(4) 再指展翅飞翔的丹顶鹤。提问：这些在天上的丹顶鹤在——展翅飞翔。

（指名读,齐读）

师：像这样优美、潇洒、舒展,给人以美的享受,真是姿态优美。（板书姿态美）用这一自然段的一个词说就是——高雅。

(4) 是啊,丹顶鹤不论……还是……都给我们留下了美好的印象,我们再来读好它？（1~2人）

再次出示："丹顶鹤不论……还是……都显得……"

4. 师：丹顶鹤不止有这两种姿态,还有很多高雅的姿态呢,一起来看一看。

(1) 看,又飞来了几只丹顶鹤。

（播放"水中捕鱼""悠闲漫步""追逐嬉戏""梳理羽毛""岸边戏水"等画面,在画面上方出现概括画面内容的四个字组成的词语）

出示句式：丹顶鹤不论＿＿＿＿＿＿还是＿＿＿＿＿＿都显得＿＿＿＿＿＿＿＿。

(2) 根据画面内容,用上这里的任何几个词语来说一说。

这么美的丹顶鹤连神仙都喜欢,外出的时候都带着它。它还有另一个好听的名字,叫——仙鹤。

（3）学到这里，我们发现丹顶鹤不仅美丽还——逗人喜爱。（点红）

（4）究竟丹顶鹤哪里"逗人喜爱"呢？

看板书：丹顶鹤颜色美、形态美、姿态美，非常惹人喜爱。

5. 美丽的丹顶鹤逗人喜爱，能通过朗读第二至三自然段介绍给听课的老师吗？好，准备好，开始。（配乐）

（三）第四自然段

师：这么美的丹顶鹤，它们的家乡又在哪里呢？

（1）黄海之滨，是它们的——第二故乡。丹顶鹤的第一故乡是——黑龙江。丹顶鹤在这里生活得怎么样呢？（板书：无忧无虑）让我们再美美地读下去。（学生自由读第四自然段）

（2）为什么能在这儿无忧无虑地生活？（2～3人）（有很好的自然环境，有丰富的食物，人们保护它，从不伤害它）

再来读读这个词语"无忧无虑"。

（3）到今天，那儿还流传着这样一首歌——《一个真实的故事》。

有一个女孩她从小爱养丹顶鹤，

有一天她为救一只受伤的丹顶鹤，

滑进了沼泽地，

就再也没有上来。

听完了这个故事，你们知道丹顶鹤为什么能在这儿"无忧无虑"地生活了吗？

再读"无忧无虑"。

（4）仅仅是这个小女孩在保护丹顶鹤吗？

（5）是啊！正是有许许多多像小女孩一样的人在保护这些珍贵的鸟儿，丹顶鹤才能在这里生活得——无忧无虑。让我们带着喜爱之情一起来读读最后一个自然段。

三、写生字

瞧，丹顶鹤带来了许多字宝宝。

1. 出示生字：遥、显、虑、度。

2. 教学新偏旁：虎字头。

3. 你有什么好办法记住它们?
4. 教师示范板书,并说注意点。
5. 学生练写。
6. 反馈,点评。

板书设计:
    20. 美丽的丹顶鹤　无忧无虑
      颜色美
      形体美　逗人喜爱
      姿态美

《彭德怀和他的大黑骡子》教案

（第二课时）

教学目标

1. 能正确、有感情、流利地朗读课文，能分角色朗读课文中的对话。

2. 通过对照学习彭德怀的三次下令和爱大黑骡子的矛盾心理，引导学生感受彭德怀爱大黑骡子、爱战士，更爱革命事业的人物形象。

3. 通过品味有关彭德怀的神态、动作，联系上下文等多维勾联的方法初步学习阅读写人叙事类的文章。

教学重难点

1. 引导学生品味有关彭德怀的细节描写，体会矛盾的心理，感受人物形象。

2. 初步学习用多维勾联的方法阅读写人叙事类的文章。

教学过程

一、回顾故事

1. 今天我们继续学习红军长征路上一位伟大将领的故事。（齐读课题）你能用简洁的语言说一说他们之间发生了怎样的故事吗？

2. 在这个故事中，你对哪些情节印象特别深刻？

二、走进故事

研读板块一： 勾连神态、动作，初识人物。

1. 请打开讲义，快速浏览课文，找到彭德怀下命令的相关语句。（指名说）

谁能读好这几句话？

预设：

(1) 谁来下达第一次命令？抓住"命令"。

点评：从你朗读的"全部、杀掉"我感受到你的语气坚决，有将领的风范。语速可以再加快一点，谁再来试试？

(2) 谁来下达第二次命令？抓住"不耐烦""大声"。

点评：我发现你很了不起，已经学会了在朗读时抓住提示语中的关键词。关注人物的神态、动作，能帮助你更好地表达文字背后的情感，谁能试着这样读一读？

(3) 谁来下达最后一次命令？能配上动作来读一读吗？

点评：你不仅读出了人物的气势，还关注了两个感叹号，语气更坚决，语速更快，更像一位大将军了。谁愿意来当这样一位大将军？

从彭德怀下命令的神态、动作中，你看出他是一个怎样的人？

预设：果断坚决、威风凛凛、脾气暴躁。

小结：刚才我们通过勾连人物的神态、动作（板书）看到了一位威风凛凛的彭德怀，看到了一位果断坚决的彭德怀，也看到了一位脾气暴躁的彭德怀。再请你把三次命令连起来读一读，从彭德怀的简短的话语中你还读出了什么？

预设：迫不及待想要杀大黑骡子，不是真的想要杀大黑骡子，不想亲手杀大黑骡子。追问：为什么？（喜爱他的大黑骡子）

研读板块二： 勾连上下文，体会矛盾。

请你们默读课文第2至20自然段，找一找能表现出彭德怀爱大黑骡子的语句，可以运用刚才学习的勾连人物神态、动作的方法圈画出关键词，还可以勾连上下文，在空白处写下一两句感受。

第一处

有时彭德怀抚摸着大黑骡子念叨着："你太辛苦了，连一点料都吃不上。"说着，就把自己的干粮分出一些，悄悄地塞进大黑骡子的嘴里，一直看着它吃完。

(1) 从哪些细节能够看出彭德怀爱大黑骡子？

① 抚摸。（如父母关爱你，轻柔地抚摸你）

② 念叨。（反复地叮嘱）

③ 悄悄地塞进。(怕被别人看见阻止他,就没法给大黑骡子吃了。"塞进"怕大黑骡子不吃)

④ 一直看着。(担心大黑骡子,十分关心它)

(2) 引导：这是一头怎样的大黑骡子？(提示：勾连上下文)

预设："跟随",这是一头与彭德怀朝夕相处的大黑骡子,请你试着读出这份疼爱。

"又驮",这是一头为革命事业立下赫赫战功的大黑骡子,请你试着读出这份怜爱。

"每天""小山似的",这是一头吃苦耐劳的大黑骡子,请你试着读出这份珍爱。

(3) 小结：你看到了一位怎样的彭德怀？就是这样一位说一不二的革命将领却也有他侠骨柔情的一面。(板书：侠骨柔情)

第二处

彭德怀深情地望着拴在不远处的大黑骡子,平静地对警卫员们说："部队现在连野菜也吃不上了,只有杀牲口解决吃的,或许能多一些人走出草地。"

(1) 引导：你关注到哪些神态、动作？说说这深情的一望背后是怎样的感情？

预设：彭德怀觉得对不起大黑骡子,对自己的行为感到愧疚。不舍、愧疚、心痛、无奈。

点评：是啊,别忘了这是一头和他朝夕相处的大黑骡子呀,请你把这份忍痛割爱的伤痛通过朗读表现出来。

(2) 请同学们勾连上下文,读读老饲养员和警卫员的话。又读出了什么？(平静的背后是什么？只有杀牲口解决吃的才能让更多的战士走出草地)

(3) 你看到了一位怎样的彭德怀？(爱兵如子)不仅爱兵如子,他更与战士同甘共苦(板书),从彭德怀的哪句话可以看出来？(出示第九自然段)

(4) 引读"雪山不是走过来了吗？……"(这还是一位无所畏惧的彭德怀)

（5）朗读第七自然段。

第三处

彭德怀背过脸去。

从"背"字你看出了什么？（不忍心，不敢看）

第四处

枪声响了。彭德怀向着斜倒下去的大黑骡子，缓缓地摘下军帽……

（1）缓缓地摘下军帽（从这个动作看出来，彭德怀将大黑骡子视作战友）

是呀，彭德怀对大黑骡子十分尊敬。

（2）省略号的内容是什么？彭德怀还会有什么动作？什么感想？

第四处

彭德怀推开警卫员端来的一碗肉汤，发火道："我吃不下，端开！"

"推开""发火"看出他情绪失控，杀掉大黑骡子心里不好受，感到他的自责。

小结：我们通过勾连上下文的方法看到了一位爱大黑骡子更爱战士的彭德怀。可到底是怎样的一种环境让彭德怀不得不做出这样矛盾的选择呢？

研读板块三： 勾连故事背景，升华情感。

1. （播放视频）你看到了什么？课文中有对故事背景的描写吗？指名读第一自然段。（板书：故事背景）

2. 再读三次命令，我们读到了爱大黑骡子的彭德怀，读到了爱战士的彭德怀，更读到了一个怎样的彭德怀？（板书：热爱革命）

3. 看到斜倒下的大黑骡子，彭德怀仿佛看到什么？面对斜倒下去的大黑骡子，彭德怀缓缓地摘下军帽，又会想些什么？

4. 在彭德怀的眼里，在战士们的眼里，大黑骡子并没有死。漫漫征途，(音乐起)再也见不到大黑骡子的身影了，它融进了北进的滚滚铁流，融进了宣传员的竹板声里。引读。出示最后一小节。

5. 如果请你把这份对大黑骡子的怀念之情融入课题中，你会关注哪个词？

三、拓展延伸

(出示相关故事的图片)

推荐阅读与长征有关的感人故事,如《丰碑》《金色的鱼钩》《倔强的小红军》《草地夜行》……运用多维勾联的方法体会人物形象。

板书设计:

			神态、动作
侠骨柔情	22 彭德怀和他的大黑骡子	多维勾连	上下文
同甘共苦	爱		故事背景
热爱革命			

《青蛙看海》教案

教学目标

1. 正确朗读课文,理解课文内容。
2. 使学生懂得只要脚踏实地、一步一个脚印、坚持不懈地刻苦努力,就一定能到达理想的彼岸。

教学重点

正确朗读课文,理解课文内容。

教学准备

多媒体课件,头饰,小黑板。

教学过程

一、复习导入

1. 上节课,我们认识了一个小伙伴,来跟它打个招呼。(青蛙)它想干什么呢?(看海)
2. 对了,昨天我们一起学习了《青蛙看海》(读时要加两个圈)。再读一遍。
3. 读词语。
还记得课文中的那些词语吗?
4. 学习了课文,你知道了什么?
必须登上高山,才能看到大海。(老师板画)
你觉得这是一座怎样的山?(高大的山,高耸入云的山)

二、课文第二、三自然段

1. 小青蛙来到了山脚下。小朋友,你看,和这高山相比,小青蛙显得(太小)。

2. 抬头看着这座高山,小青蛙觉得怎么样呢?会怎么想,怎么说呢?

3. 请打开课文,翻到第59页第二自然段,自己大声地读一读课文,你从哪些句子中体会到的?

(1) 天哪,这么高的山!(多请几个同学来读)

小青蛙没勇气,你再来读一读?它怎么害怕了?

(2) 从这段话中你还可以从哪里知道青蛙认为山太高了?(吸了一口凉气)

平时你会在什么情况下吸一口凉气?

谁再来读读这句话"天哪,这么高的山"?

(3) 看着这座山,小青蛙会怎么想呢?还从哪句话看出?(我没有……也没有……怎么上得去呢)

你听出小青蛙怎么样?(没信心)我觉得你这儿读得特别好!(读到位,再贴上去)

(1) 老师引读"是啊,这山是太高了……"。

面对着高山,看着苍鹰远去的背影,青蛙心里感到——失望、伤心、难过……可是青蛙很想看大海,该怎么办呢?

(2) 请同学们拿好课文,读第四至十二自然段。

三、课文第四至十二自然段

1. 读了以后,你有没有发现失望的青蛙开始高兴起来了,知道为什么吗?

2. 松鼠又是怎样帮助青蛙的呢?(两人合作读对话)

大家听好了,他们有没有把松鼠和青蛙的语气、语调读出来。

觉得他们读得怎么样?

(1) 你听出小松鼠在关心小青蛙。哪一句话?

(2) 你发现小松鼠在鼓励帮助小青蛙?请你也学一学。

(3) 你还发现小松鼠很热情地帮助小青蛙。你也来试着读一读。

3. 评完了小松鼠的朗读,那么刚才听××读的小青蛙的话,你又发现了什么呢?

（1）你发现小青蛙一开始是没有信心的？请你也来读一读。

（2）在小松鼠的鼓励、关心下，小青蛙开始有勇气了。从哪儿发现的？（这有什么难的！）

4. 看出许多同学都想来读它们的对话。下面请女同学读松鼠，男同学读青蛙，老师读其余的话。

小朋友们把青蛙和松鼠的对话都读得很好，要是你们能加上动作一定能读得更棒！（先在下面演一演）

5. 选一组台前表演。

6. 我们一边看表演，一边用心地感受一下，此时，你就是其中的一只青蛙或小松鼠。看看松鼠又是怎样帮助青蛙的？

7. 下面的小青蛙和小松鼠，你觉得他们读得好吗？

8. （多媒体出示）是的，就这样……（读完这一段）

（1）这只小青蛙跳得累了，会怎么样？

（2）你跳了这么长时间，你会怎么做？

（3）你渴了会怎么做？

是啊，累了在草丛中歇一会儿，渴了喝点山泉水。

9. 这只小青蛙，你还会碰到哪些困难？你会怎么做呢？

10. 好的，我们继续来跳。小青蛙，快加油啊！我们一起给它鼓劲，告诉它一个好消息，再跳5次，就到达山顶了。努力吧！5、4、3、2、1。

"不知不觉，它们已经跳完了石阶，到达了山顶。"

11. （多媒体出示画面）啊！大海展现在它们眼前。

（1）眼前是怎样的情景啊？小青蛙的心情怎样？腿有什么感觉？

（2）好朋友松鼠一定有话对青蛙说。它会说什么呢？

（3）看！苍鹰也来了，它会说什么？

（4）下面的小青蛙，你想说什么呢？

12. 学习了这篇课文，我们发现：尽管青蛙没有……也没有……但是它一步一个脚印地在努力，它终于……

13. 从你们的眼神中，老师看出你们很喜欢这个童话故事，拿起课本一起来读一读吧！

四、爬词语高山
五、生字教学
"吸""级""失"

《三个小伙伴》教案

教学目标

1. 关注文本相近的语言表达形式,学会讲故事。
2. 感知故事中的道理。
3. 指导书写,在观察体会中掌握"避让"的书写规则。

教学过程

一、词串记忆故事内容

过渡:小朋友们,昨天我们学习了一篇童话故事,这个故事的题目叫——《三个小伙伴》(齐说)。今天老师带大家来把故事好好地讲一讲,你们喜不喜欢呀?

1. 分行学习三组词。

① 谁先来和它们打个招呼呀?

出示:小野猪　小袋鼠　小象　(注意:猪和鼠都是翘舌音)

你喜欢它们吗?那我们打招呼的时候应该怎么样啊?(热情、亲切)

那你热情地来喊喊吧。

② 谁来读读第二组词语?

出示:硬硬的嘴巴　一个皮口袋　长长的鼻子

指导:你轻声读得真不错,我们学着你的样子来读一读。

这一行有个生字"巴",我们一起来学。

指导生字"巴":"巴"是个象形字,它以前是长这样的，同学们看看以前的"巴"就像一条什么?(蛇)这条蛇有长长的尾巴,就像是"巴"字里的哪一笔?(竖弯钩)所以我们在写"巴"的时候竖弯钩要写的特别长,就像是大蛇的尾巴。小朋友举起小手,跟老师一起来写一写

"巴"。(田字格书写时注意指导每一笔的位置)

刚才,同学们把这一行词语都读正确了,现在谁会把上下两行连起来说一句话?

评价:你真棒!把两个词语连起来说了一句完整的话,说出了小野猪的特点。(若学生说到其他表达方法则表扬:你真聪明,同一个意思还会换一种方法来表达,让我们一起为你鼓掌)

还有谁想说?(你也用一句话把小动物特点说清楚了)

③ 小朋友们真了不起,接下来第三行,谁愿意来读一读?

出示:拱出树坑　运来肥料　浇湿树坑　("坑"有后鼻音,你把后鼻音读准了,谁再来一遍)

我们来看这个"拱"字。这个字是形声字。旁边是提手旁,说明这个字本身与手的动作有关。如双手合十放在胸前,那叫拱手。小猫爱把自己的背往上弯起,这叫拱背。而小野猪呢?它是怎么来拱出树坑的呢?(配张图理解野猪的拱法)用硬嘴巴用力地往前顶和掀,这就是"拱出树坑"。(带学生边做动作边读)

三个小伙伴多能干呀,你想不想夸夸它们?哪个小朋友把竖列的三个词语连起来说一说呀?(学生说完一句,出示一句)

出示:小野猪用硬硬的嘴巴拱出了一个树坑。

评价:你把小野猪在故事中的情节用一句话说了出来,真了不起。

出示:小袋鼠用一个皮口袋运来了肥料。

评价:说得真好,一句话就告诉了我们小袋鼠在故事中的做法。

出示:小象用长长的鼻子浇湿了树坑。

2. 刚才小朋友已经用一句话把故事的主要情节讲清楚了,其实加上一个头和一个尾就是课文《三个小伙伴》的故事啦。哪个小朋友来讲讲。(3个)

给出句式:小野猪、小象和小袋鼠一同_____。小野猪用_____。小袋鼠用_____。小象用_____。小树栽好了_____。

评价:你看,你已经把故事说完整了,多了不起啊!

相机学字:"同"。

"同"这个字可好写了,跟老师一起来写。指导书写,教授儿歌:"同字框儿站得直,中间一小口往里收。"

同学们来给"同"找个朋友吧。(相机解释,出示词卡)小朋友一同学习成了"同学",大人们一同做事就叫"同事",伙伴们一起相守是"同伴"。一同是什么意思?请大家试着说说。

二、关注相近的语言表达形式,进行背诵指导

过渡:同学们,短短的时间你们已经把生字学好了,把故事完整地讲出来了,可是这样的故事是不吸引人的,因为它既不生动又不有趣。下面让我们一起把故事讲得生动些、有趣些,好不好呀?让我们先来学学小野猪这个片段的故事怎么讲。

(一)指导学习第二自然段

1. 一问。

(1)谁先来读读这一段?(请一生读)

小野猪,我想问问你,你在挖坑的时候遇到了什么困难?(指名回答)(出示:没有锄头挖树坑怎么办?)

是啊,你看,没有工具挖树坑,小树就没有地方可栽啦,这时三个小伙伴心里一定非常——着急。哪只小野猪来着急地读一读这句话。

指导评价:① 读得真棒,老师听出了你的着急,哪只小袋鼠也想来问问? ② 我听出了你问的语气,哪只小象也来问一问? ③ 小象你也在这样问小伙伴呀,我还听出了你很着急呢。

(2)真不错,让我们学着你的样子,一起来着急地问一问吧。

2. 一说。

(1)这时,谁想出了好办法?他说了什么?(指名答)

出示:小野猪说:"不要紧,不要紧,我有硬硬的嘴巴。"

这只小野猪大声地说出了自己的办法,哪只小野猪也想来说一说?

评价:① 你们看,这只小野猪可自信啦,它连声说不要紧、不要紧。谁也学着它的样子来说一说。② 你真是自信满满。小野猪们,如果你们能加上动作来说这句话,就更自信了,谁愿意来? ③ 听出来了吧,这只小野猪根本没把困难放在心上。

(2)小野猪们,让我们再加一点自信,一起来说一说。

3. 一做。

(1) 这只自信的小野猪立刻就行动了,它是怎么做的?

出示:不一会儿,小野猪就用嘴巴拱出了一个树坑。

(2) 它动作快不快呀?从文中哪个短语中看出来的?(点红:不一会儿)

是啊,你们看,小野猪一下子就拱出树坑了,谁想来读一读这句话?

小朋友们,刚才我们已经知道小野猪拱树坑是用自己硬硬的嘴巴把泥土往前顶。现在谁也想学着小野猪的样子来拱一个树坑?还有哪只小野猪也想来拱?

评价:① 你一定很快就拱出了一个大树坑。② 你真会拱。

(2) 看来小野猪们都跃跃欲试呢,让我们一起来拱一拱吧。

4. 小朋友们,我们要把小野猪的部分讲好,应该要怎么去讲呢?

指导:小朋友看,故事先是问了一个问题,接着小动物自信满满地说了一句话,最后小动物用自己的特点去做好了这件事。这就是一问、一说、一做。我们讲故事就要这样讲。接下来谁把小野猪的部分来讲一讲?

(二) 总结理清文本线索,指导自学第三至五自然段

过渡:小朋友们,栽树不仅要挖坑,还要施肥和浇水。在栽树的过程中小伙伴们还会遇到哪些困难,它们是怎么克服的呢?小朋友们自己读一读。(出示两段)

(出示小野猪一段)读完之后,再来看看这两部分和讲小野猪的部分有没有什么相同的地方?(都是按照一问一说一做的顺序来讲故事的)

(1) 同桌交流。

接下来小朋友们就和同桌一起讲讲这两个片段吧。一会儿,我们来比比哪个小朋友把故事讲得又具体又生动。

(2) 课堂反馈。

① 小袋鼠部分。

a. 哪个小朋友想讲小袋鼠部分?(一生讲)

评价:你已经把故事讲清楚、讲具体了。

b. 我们要把故事讲生动、讲得吸引人,还可以加上表情和动作,谁来试试看?

采访:这只小袋鼠,你是运了一点点肥料吗?不是,是一堆。你的本领可真大啊!

c. 还有谁也想来讲一讲?

评价:这位小朋友讲得可真生动,把小袋鼠问的语气和自信的心情都讲出来了。

② 小象部分。

a. 小象这部分谁想讲?(一生讲)

评价:你把故事讲得特别生动,我们讲故事就是要像你这样。

采访:我想问问这只小象,树坑为什么会是湿湿的?为什么要用湿湿的,而不是湿的?(小象吸的水多)哪个词语告诉我们小象吸了很多水啊?(吸足)

b. 原来是这样啊。谁还想来讲讲小象部分?老师相信,小朋友们带着自己的理解一定能把小象的故事讲得特别好!

(3)连起来讲。

小朋友们,你们看,三个小伙伴在栽树的过程中遇到了不同的困难,它们都是靠自身的特点解决的。现在请三个小朋友把三个部分连起来讲一讲。谁来做小野猪、小袋鼠、小象?让我们用心来听听他们讲的怎么样。

采访:老师发现,三个小伙伴特别开心,你们为什么这么开心啊?(小树种好了)那小树是你一个人种的吗?还有谁帮助了你?下面的小袋鼠,没有它树能栽好吗?你们想对它说什么?

说得真好,小树是三个小伙伴一起努力栽好的,离了谁都不行,这就叫作——同心协力(板书)。让我们告诉所有人,这就叫作——同心协力(齐读)。

(三)学习第六自然段

过渡:在你们的同心协力之下,小树栽好啦!现在你们心情怎么样?(开心)你们想感谢谁?那就让我们全体起立,手拉着手,一起又唱又跳吧。(齐读最后一段)

老师真高兴今天和小朋友们一起练习讲了一个生动的童话故事。小朋友们回去之后,也可以给你的父母讲一讲这个故事。

三、指导习字

过渡:故事讲完了,接下来我们要来一起学学生字了。

比较学习"把""巴"。

(1)谁会念好它们?

(2)小朋友们观察一下,当"巴"是独体字的时候在田字格的哪里?和提手旁组成新字之后又在哪里?

指导:巴之所以靠右是要让出位置给左边的好朋友提手旁,这叫作避让。所以我们在写"把"字的时候要注意左窄右宽。

(3)老师这里还有两个类似的字,小朋友来学一学。当"立"是独体字时,在——中间,当它和提手旁组成新字时要——左窄右宽。(示范板书)

(4)反馈。

我们来看看小朋友写得怎么样?夸一夸,好在哪里?(左窄右宽,避让)

板书设计:

19. 三个小伙伴

讲故事	同心协力	巴	把
一问		立	拉
一说			
一做			

《我应该感到自豪才对》教案

教学过程

一、复习

1. 昨天,我们一起学习了课文《我应该感到自豪才对》(齐读)。

2. 一起复习一下课文中的词语。

养料　　足够　　担心　　疼爱

脚掌又大又厚　　眼皮上两层睫毛　　背上两个肉疙瘩

看了这组词,你想到了谁?(小骆驼)谁能学着小红马的语气来读这一行。你听出了什么?(嘲笑)正因为小红马说它难看,所以小骆驼觉得挺委屈的,于是妈妈决定带着小骆驼去沙漠旅行一次。

茫茫的大沙漠　　松散的沙子　　无边无际的大沙漠

陷进沙子里　　一阵风沙铺天盖地刮过来

读了以上这些词语,你觉得在你的印象中,沙漠是什么样子的,有什么特点?

3. 学习第三、四自然段。

(1)你们的知识很丰富!沙漠温差大,气候恶劣,一般只长仙人掌等植物,其他植物都不能在沙漠生存,而且,一般的动物都不能生活在沙漠里。

(2)过渡:炎热干旱的沙漠无边无际、黄沙满地、沙丘连绵、风沙盛行。沙暴来临之时,铺天盖地的黄沙似乎能吞噬沙漠中的一切。沙漠里的气候如此干燥,环境这么恶劣,会遇到哪些困难?(指着板书)又有谁帮了它们的忙呢?

(3)请同学们再仔细朗读课文第三、四自然段,或者同桌讨论,用波浪线画出有关的句子。

(4)交流:

①"脚掌"部分。

a. 出示：多亏我们的……怎么拔得出来呢？

b. 指名读读这段话。

这句话是谁说的？谁来学做骆驼妈妈读读。

困难：松散的沙子。

你知道脚掌有什么作用吗？（板书：不陷进沙里）

个性朗读指导：我听出了妈妈的骄傲、自豪、慈爱、亲切，对孩子的疼爱。

c. 换一换："多亏"可以换成哪个词？（幸亏、幸好、好在）

d. 咱们再来看看骆驼在这样的沙漠里是怎样行走的。

（课件播放影像，旁白：在金黄松散的沙地上，只有骆驼那又大又厚的脚掌能行走自如）

如果你是小骆驼，拥有这样的脚掌，现在你有什么感觉呢？（自豪）

②"驼峰"部分。

a. 出示：望着无边无际的沙漠，小骆驼担心地问妈妈："再走下去，我们饿了怎么办呢？"

b. （出示图片）如果此时你就置身于这沙漠之中，你眼前看到的会是什么？远一点呢？再远一点？再远一点？一直到天边还是……这就是沙漠，用书上的一个词——无边无际、茫茫。

c. 困难：沙漠无边无际，会挨饿。

驼峰：贮存养料。（板书：贮存养料）

d. 师读叙述语，男女生分角色读。（读出小骆驼的担心和妈妈的自豪）

请两位同学来分角色读。

小结：这两个肉疙瘩可真管用！只有咱们骆驼才有呢！此时，小骆驼感到_____。

③"睫毛"部分。

a. 出示：说话间，一阵风沙铺天盖地刮过来。妈妈让小骆驼俯下身子，闭上鼻孔和眼睛。一会儿，风沙过去了，小骆驼的鼻孔和眼睛里没进一点沙子。

b. 困难：风沙铺天盖地。指名读读,指导读出"铺天盖地"。(提示"铺天盖地刮过来"要读得有气势)

齐读。(同学们,铺天盖地的风沙刮过来了,快俯下你们的身子,闭上你们的鼻孔和眼睛。呼——听,沙漠里的风沙说刮就刮起来了!狂风呼啸,黄沙漫天)(课件黄沙漫天影像)

小骆驼,你们的眼睛里有沙吗?

怎么会没有沙啊? 是啊,没有这两层睫毛怎么行?

c. 现在,你的心情怎么样?(自豪、高兴)指导朗读。

2. 原来看似难看的脚掌、驼峰和睫毛在沙漠里有这么大的作用!这时候小骆驼还感到委屈吗?(擦去板书中的"委屈")

这时候小骆驼心里感到怎么样?

4. 学习第五自然段。

齐读第五自然段。(板书:自豪)

5. 拓展:沙漠旅行结束了,小骆驼心里乐滋滋的,它一边走一边笑,不知不觉来到了小溪边。真是无巧不成书,小骆驼又碰到了那匹俊俏的小红马。此刻,小骆驼最想告诉小红马什么呢? 小骆驼们畅所欲言吧!

(指导说说小骆驼再遇到小红马时会怎么说)

小结:是啊,别人长得丑,不能取笑别人;自己长得丑,也不要灰心。美不美不能只看外表,要看他有没有用……(出示:判断事物的美丑,不能只看外表,要看它有没有用处)

板书设计:

14. 我应该感到自豪才对

委屈(自豪)

部位	特点	用处
驼峰	肉疙瘩	贮存养料
脚掌	大、厚	不陷进沙子
睫毛	两层	挡住风沙

(获"一师一优课"部级优课)

《乡下孩子》教案

教学目标

1. 有感情地朗读课文。

2. 引导学生观察，启发他们想象，理解课文内容。

3. 了解乡下孩子丰富多彩、幸福愉快的童年生活，培养学生热爱农村的思想感情。

教学重点

1. 有感情地朗读课文。

2. 了解乡下孩子丰富多彩、幸福愉快的童年生活，培养学生热爱农村的思想感情。

教学过程

一、谈话导入

上节课我们认识了新朋友——乡下孩子。让我们来和他们打个招呼吧！（板书课题，指名读）我们知道了乡下孩子生活得——快乐极了。（板书）

二、复习巩固

1. 看，昨天刚认识的小黄鹂飞来了，它在欢迎我们呢！它想先带我们做词语过关的游戏。

欢唱	盛开	美丽	动听	馋嘴
黄鹂	野菊	故事	歌曲	猫咪
捉	编织	含	挖	逮
蝴蝶	故事	草叶	野菜	小鱼

欢唱的黄鹂　盛开的野菊　美丽的故事　动听的歌曲　馋嘴的猫咪

捉蝴蝶　编织故事　含草叶　挖野菜　逮小鱼

2. 再齐读词语。(用黄鹂表扬同学)让我们再次跟着黄鹂一起走,去农村,走近看看美丽的风景,过过农家孩子的生活。

(在复习词语的环节中,抓住了本文词语的特点,设计成具有某些内在规律的词语,比如第一、二、四行都是名词,第三行都是动词,第五行都是形容词和名词的组合,第六行都是动词和名词的组合)

昨天在小黄鹂的带领下,你了解了什么?(老师引读:乡下孩子——曾是妈妈怀里欢唱的黄鹂,乡下孩子——曾是爸爸背上盛开的野菊。在爸爸妈妈的关怀下,过着幸福的生活)

让我们也来感受一下。齐读第一自然段。

那爱的生活真让人羡慕、让人向往。

(通过复习回忆上节课所学的内容,激发学生的学习兴趣。在抓住学生注意力的同时,使他们积极主动地参与到学习活动中。这样的设计活跃了课堂气氛,适合低年级学生的年龄特点,同时让学生体验到文本所透出的浓浓人文情怀)

三、精读感悟

仔细读读课文,思考:你看到在乡下,孩子可以干些什么呢?

学生自读。

乡下孩子可以_____

乡下孩子可以_____,可以_____

乡下孩子可以_____,可以_____,还可以_____

(根据二年级学生的特点进行语句训练,提供相关的句式,减轻学生练习的难度,同时帮助学生很好地概括了文本内容)

你最喜欢怎样的生活?

(交流:根据学生回答,老师相机指导)

● 捉一只蝴蝶,能编织美丽的故事。(课件出示画面)

(1) 这么多的蝴蝶来了,在翩翩起舞,喜欢吗?

看着美丽的蝴蝶,我们不禁张开了想象的翅膀(句式练习:看着美丽的蝴蝶,我想,_____)

奇妙极了!

这就是你心中一个美丽的故事。

这个故事比刚才的更动听。让老师也沉浸在这优美的故事中了。

（2）编了这么多故事，你的心情怎么样？

你们的想象力真丰富，能通过读把这种快乐表达出来吗？

此时，你的心情快乐、幸福。感到特别的快乐、自由。

指导朗读。（读出快乐的语气）

（学生的内心感受是丰富多彩的。新课标指出："阅读是学生的个性化行为，不应以老师的分析来代替学生的阅读实践。"给孩子充分的想象空间，引导探究，在品读中"感悟"，在批读中"对话"，在理读中"体悟"，促使他们产生独特体验，并发自内心地把自己对诗句的感受有感情地读出来，在读中编故事，再在捉蝴蝶编故事的过程中读，不断激活学生的内心世界，促使学生在朗读过程中层层感悟，不断产生并解决新问题，产生与课本人物的共鸣，从而使得有感情朗读出自内心，溢于言表）

＊你还喜欢过怎样的生活？

● 含一片草叶，能吹出动听的歌曲。（课件出示）

（1）在美丽的田野里，含着一片青青的草叶，你想吹出哪些歌曲来表达自己愉快、高兴的心情。（说歌名，哼唱两句）

（2）那就请你试着吹吹草叶儿？（多名练习）

（3）想听听乡下孩子吹得怎样吗？听——（放音乐）怎么样？

羡慕吧！我们也来练练。

（借助现代化的教学手段，用画面再现情境，用音乐渲染情境，用语言描绘情境，使学生产生身临其境的真切体验，达到景与情的统一、情与景的交融）

谁来试试，小朋友能不能读得和草叶歌一样动听呢？试一试。

真好听。（请学生评价，歌声中带着快乐的心情）

我们如果和乡下孩子多生活几天，相信你也一定能吹出悠扬、婉转、清脆的草叶歌。

谁能通过朗读把这种快乐的语气表达出来？

指导朗读。（读出快乐的语气）

小结：① 两句话连起来读读，指导朗读。

② 在农村，捉捉蝴蝶，吹吹草叶歌。

你觉得乡下孩子_____

（情感并不是一件看得见、摸得着的东西，说有就有，说无就无。它需要感染，需要激发，它具有共鸣性，它可以随着环境气氛的变化而变化。因此，在朗读课文时，创设一定的情境是非常必要的。同时让教学真正落实到字词之中，让学生走进诗歌的字里行间）

＊你还喜欢过怎样的生活？

● 挖一篮野菜，撑圆了小猪的肚皮。（课件出示）

（1）小猪吃了你们的野菜，瞧！（课件出示图片，想象）呦，这小猪的肚皮……能用个词语进行形容吗？（圆溜溜、胀鼓鼓）

小猪的肚皮像_____

（2）指导朗读并在撑圆下面加点。（圆圆地挺着这就是撑圆）

（3）小朋友读一读，边读边做动作！（指名表演）

你吃得这么饱，想去干什么？看到小猪这么惬意，乡下孩子特别——开心。

＊你还喜欢过怎样的生活？

● 逮一串小鱼，乐坏了馋嘴的猫咪。（课件出示）

（1）看到你们逮来的这串小鱼，谁飞快地跑来了？

（2）调皮的小猫看见了刚刚逮的小鱼儿，喵喵地叫着，好像在说什么？

吃一条小鱼开心吗？吃一串呢？难怪乐坏了。

我们再来喂一喂。

（3）小朋友分组读一读，能加上表演就更好了。（指导表情快乐、满足）

（想象是思维的翅膀，是人创造力的基础。诗句虽短，但具有跳跃性，也贴近我们学生的实际生活。老师抓住这样的机会，通过一个又一个巧妙的质疑点拨，为孩子们创设出了各种不同的情境，有唱有念，有行动有感悟，通过创造性地表演，让孩子们体验乡下孩子的快乐情趣。孩子于想象的风中翩然起舞，犹如一粒粒有灵性的音符，依顺心中美妙

的旋律,环绕着教师,奏响了和谐的天籁之音、自然之音、人性之音)

小结:小黄鹂带着我们在农村,和乡下孩子一起喂了小猪,也喂了小猫,让我们发现乡下孩子是那么——勤劳、能干,而乡下的生活是那么——有趣、丰富多彩、快乐自在。

(1)把两句话连起来读读,指导朗读。

(2)挖野菜、逮小鱼,这些只是乡下孩子生活的一部分,其实还有许许多多丰富多彩的生活。连续出示图片。想象:你还喜欢过怎样的生活?

拾一把稻穗,_____
割一篮青草,_____
采一束野花,_____
_____,_____

(这个过程为学生提供了展示自己才智的机会。学生思维活跃,课堂气氛的诗意化达到了一个高潮。通过练习,学生感受到课文的意境,体会出作者的思想,又能用自己的语言来表达自己的思想,使之顺利地实现语言的内化)

小朋友说得真精彩。是啊!乡下孩子的生活真是太有意思了。

● 课件出示:齐读。

哦,乡下孩子,生在阳光下,长在旷野里。

(他们快乐又幸福!)

怎样的阳光?爸爸妈妈的关心、幸福的生活。

在美丽的旷野里,仿佛让我们看到了乡下孩子在_____
你为什么这么感慨呢?

你在深深地赞叹,充满着向往。

(在孩子眼里,山啊,水啊,星星、月亮啊,都是活的,会跑也会飞,会说也会唱。儿童的眼睛,就是喜欢瞧着这陌生的世界。生活中到处都有美。对于我们的眼睛,不是缺少,而是缺少发现。我们要摆脱应试教育的重重束缚,顺应学生的天性,鼓励、引领他们走进广阔无边的大课堂中,去观察、感受、体验、积累、提升,享受自然、社会、生活的美)

四、总结、朗读全文

从同学们的眼神中可以看出,都不想离开乡下了。你们喜欢乡下孩子,喜欢他们的生活,是吗?带着这样的感情读课文。(配乐朗读)

(叶圣陶老先生说得好:令学生吟诵,要使他们看作是一种享受,而不看作是一种负担,一遍比一遍读入调,一遍比一遍体会亲切,并不希望早一点背诵,而自然达到纯熟的境界。让学生在朗读、背诵中意会课文鲜活的语言,体味课文深远的意境,感受语言文字的美)

五、教学生字

妈　坏　怀

1. 出示生字,指名读,齐读。

2. 先出示"坏""怀",指名认读,你怎么记住这两个字的?

它们有什么共同点?口头组词。(通过多媒体换一换偏旁加深记忆)

3. 认读"妈"。你准备怎么记住这个生字?口头组词。

4. 指导写字。

5. 生描红、仿写。

(学生掌握新知的过程是很快的,同样他的遗忘速度也是相对应的。这是低年级儿童的遗忘规律,要克服遗忘,我觉得"反复"就是一个很好的方法。我所讲的"反复"就是要让那些学过的字经常回到新课当中。比如"换部首,加部首,去部首",这是学生经常会用到的识字方法,这个过程就是学生在利用旧的知识来帮助自己掌握新的本领)

六、作业布置

1. 完成习字册。

2. 回去把课文背诵给爸爸妈妈听。

3. 模仿第三小节,写一写你自己最幸福的生活场景。

板书设计:

(图)

4. 乡下孩子　　　捉蝴蝶　　吹吹草叶歌

　　　　挖野菜　　逮小鱼

快乐　　自由　　幸福

《咏华山》教案

（第一课时）

教学目标

1. 能正确、流利地朗读课文。

2. 学会本课 4 个生字；两条绿线内的 11 个只识不写；认识两个偏旁；理解由生字组成的词语。

3. 通过朗读，粗略感受华山的雄伟壮丽，并大概知道诗文的意思。

教学重难点

1. 能正确、流利地朗读课文。

2. 学会本课 2 个生字，认识两个偏旁。

教学准备

电子白板、生字卡片。

教学过程

一、谈话导入

1.（板书：华山。"华"带拼音 huà）小朋友，看看这个词语，谁能来读一读！

华山，你知道在哪吗？老师告诉你，华山是一座海拔 2154.9 米的高山，在我国的陕西省。华山非常险峻，自古以来更有"华山天下险""奇险天下第一山"的说法。

"华"还有一个读音，谁知道？对，huá，这是个多音字，谁来用"华"组词。

2. 非常好，现在老师在"华山"前加了个字，谁来读读？

（板书：咏）指名读。

看老师在田字格里写一写。咏，左右结构，左窄右宽……

3. 老师告诉你们啊，咏是赞美的意思，那谁来说说"咏华山"的意思？

4. 这就是今天我们学习的课文。（齐读课题）

二、初读课文

古时候，有个小孩儿跟先生去登华山。会发生什么事情呢？请同学们打开书本，大声地朗读课文。

读之前，听清楚老师的要求：读准字音，读通句子。难读的句子多读几遍。

1. 生大声地读课文，师巡回指导。

2. 出示三个词语：山顶、山腰、山路。

这三个词你能读准吗？

3. 师简笔画一座山，看，我们面前就有一座大山，你能否将这三个词语根据意思在这座山上摆一摆？为什么？（随机）

山顶：顶的意思是最高处。山顶就是山的最高处。屋顶就是屋子的最高处，楼顶就是楼房的最高处，那头顶就是头的最高处。

山腰：你放在了山的中间，摸摸我们的腰，哦，腰就在中间。

山路：谁来画画。哦，这条弯弯曲曲的登山之路就是山路啊。

4. 登词语大山。

（1）前面有一座词语大山，让我们和小寇准一起登山吧！

（指名读，男女生读，分组读，集体读）

（2）谁能把这些词语连起来说一句话？

> 连连称赞
> 吟诵
> 爬上山顶
> 沿着山路
> 登华山
> 小孩儿

（有个小孩儿跟先生去登华山。他们沿着山路爬上了山顶。小孩儿情不自禁吟诵一首诗歌，先生听了连连称赞）

三、初步感悟

1. 出示书中图片。

小孩儿登上山顶看到了什么？

（1）出示句子："啊！华山真高哇！"

什么语气？你为什么这么读？（引出两个感叹号，强调语气，山高！）

（2）出示句子："除了蓝天，远远近近的山都在自己的脚下。太阳显得那么近，山腰间飘着朵朵白云。"

如何读好这样的长句子，老师教你一个方法，画出节奏线。（节奏线表示要停顿）

"除了蓝天，远远近近的山/都在/自己的脚下。太阳/显得/那么近，山腰间/飘着/朵朵白云。"

请同学们看着节奏线自己练一练。

去除节奏线读好这两个句子。

2. 师：看到这么美的景色，小孩儿"情不自禁"地吟诵起来。

（出示"情不自禁"）"禁"怎么读？

3. 小孩儿情不自禁吟诵了些什么？

（1）出示诗句，师配乐吟诵：

只有天在上，更无山与齐。

举头红日近，回首白云低。

（2）节奏线出现，自己试着读一读。

只有/天/在上，更无/山/与齐。

举头/红日/近，回首/白云/低。

（3）指名同学来读一读。

（4）认字"举""与""齐"。

举：谁来做做动作，"举"就是"抬"的意思，"举头"就是"抬头"，"举手"就是"抬起手"。

与："与"就是"和"的意思，"我与你"就是"我和你"。

齐：谁有好办法记住这个字。（上"文"下撇竖）

田字格示范"齐"，书写注意撇竖在田字格中的位置。

（5）节奏线去除，再次读诗。（配乐）

4. 这个小孩儿叫什么？寇准。（读好"寇"）

今年几岁？七岁。（出示"岁"）

补充带"岁"字的词语。（岁月如流、长命百岁、岁岁平安）

大家读一读。解释"岁"和时间、年龄有关。

这个小孩儿是我们现代人吗？出示"宋代"，读好"代"。

5. 出示最后一段，读好它。

四、生字教学

1. 出示四会字组成的词语，读一读。

你都认识吗？试着念一念。

华山　山腰间　山与齐　称赞　宋代　七岁

2. 手拿字卡，请同学不出声，默默看，记住这些字的形。

华　间　与　齐　称　代　岁

反馈：你记住了哪些字？

3. 字形教学："岁""称"。

（1）岁：比较"山"字和"山"字头在田字格中的位置。

（2）称：比较"禾"字和"禾木旁"。

（3）师范写，生描红、仿影，教师巡视。

（4）反馈。

独体字（二）

取中和偏斜结构的独体字

教学目标

认识取中结构、偏斜结构的独体字，并掌握书写要领。

教学重点

取中结构、偏斜结构的独体字的书写。

教学难点

偏斜结构独体字的书写。

教学准备

课件、教材、2B 铅笔。

教学过程

一、情景导入，结构分类

1. 刚刚老师认识了几位同学，这位同学姓什么？这"王"字，属于中国汉字中哪种结构的字？（板书课题：独体字）

2. 老师还带了很多字来：力、张、刷、羊、中、崖、杏、本、好、广、疾、方。（课件出示）每一行读一读。

请同学们找一找哪些属于独体字？（学生找到一个往黑板上放一个：力、羊、中、本、广、方）

3. 其实啊，独体字还可以分为取中结构的独体字和偏斜结构的独体字。那么这六个字中哪些是取中结构的，哪些是偏正结构的呢？

"中"属于什么结构的独体字？"力"属于什么结构的独体字？

像"中"这样取中结构的独体字还有哪些？（羊、本）

像"力"这样偏斜结构的独体字还有哪些？（广、方）

4. 这些字都写得很端正，同学们也希望自己写一手好字，把字写得漂漂亮亮。首先让我们来欣赏一些优秀的书法作品。（边播放作品课件边随机采访学生：你觉得这些字写得如何？从结构和笔画来谈）不光要掌握字的结构、笔画，还要勤学苦练，认真书写，坚持不懈，才能写出优秀的作品来。今天我们就要来学习写好独体字。

二、学习取中结构的字

1. 首先我们来学习如何写好取中结构的字。（课件出示：中）

（指名回答）（不知道）没关系，请同学们拿出老师带来的教材，仔细读一读，找到答案后举手告诉老师。（学生回答）

想一想这个取中结构的"中"字写的时候应该注意些什么？

① 根据学生的回答出示课件，要领：左右基本相称，字形端正平稳。

② 那么怎么样才能做到"左右基本相称，字形端正平稳"呢？我们一起来欣赏一下这两幅图片。同学们，你们看，图上走钢丝的运动员和体操运动员是怎么做到让自己保持平衡的呢？仔细观察。（走钢丝运动员手里的竹竿左右长短相同，体操运动员左右手舒展开来，保持了身体的平衡）同学们，他们就是因为做到了左右平衡才能稳稳地站在钢丝和平衡木上。

③ 接下来看老师怎么来写这个"中"字。教师示范。（边示范边说：起笔稍顿，行笔轻快，收笔稍提）

④ 同学们一定也想在纸上写一写吧。不急！动笔之前，先把姿势摆好了。你记得正确的钢笔写字姿势是怎样的吗？看课件中的图片，哪一个姿势正确？

同学们，如何才能写出优美的汉字呢。在写之前，我们来回顾一下这首《写字歌》吧，请同学们自由朗读。（课件演示《写字歌》）

写字姿势很重要，头正身直要坐好。

两臂桌面左右开，小腿垂直脚平摆。

眼睛离纸一尺远，胸距桌边远一拳。

手离笔尖约一寸,不松不紧掌空心。
　　良好习惯要养成,小朋友们要记牢。
　(自由读,齐读)
　　有了端正的坐姿和正确的握笔姿势做保障,我们就有了写好字的信心。再加上持之以恒的精神,肯定能把字写好。
　　⑤学生练写。
　　⑥点评:这位同学哪个"中"字写得最漂亮?为什么他能写得这么好呢?(因为这个字做到了"左右基本相称,字形端正平稳")(给学生打星)
　　2. 录像示范"羊""本"。
　　① 同学们,我们在写"羊"和"本"的时候,除了要做到左右基本对称、字形端正平稳外,还要注意些什么呢?
　　("羊"字,点和撇左右对称,点低撇高;"本"字,撇和捺左右对称,向左右伸展,"本"字的横与撇捺之间出现两个红圈)
　　② 同学们观察得真仔细,接下来请同学们拿起笔,一起来试着写一写这两个字。
　　③ 请同桌两个人互相评一评,评的时候注意看你的同桌是否做到了左右基本对称、字形端正平稳。
　　3. 同学们,想要写好取中结构的独体字其实并不难。老师这里有一首关于如何写好取中结构独体字的儿歌,哪位同学来读一读?我们一起来读一读。(课件出示)
　　　　取中字儿要注意,
　　　　小小竖儿中间站。
　　　　左右对称要牢记,
　　　　端端正正才好看。
　三、学习偏斜结构的字
　　1. 接下来我们来学习如何写好偏斜结构的独体字。(课件出示:力、广、方)
　　2. 偏斜结构的字比较调皮,他们都有些斜,那么在书写偏斜结构的独体字时要注意什么呢?(出示课件:斜中求稳、左右均衡、不失重心)

让我们先来看看电脑老师是如何写"力"的。老师这里有其他班的两个同学写的"力",和电脑老师比较,谁写得好看?那么这两位同学哪些地方还可以改进呢?(学生交流:"力"的撇和横折钩保持平行,起笔和最后一笔都落在竖中线上,撇的角度和横折钩遥相呼应)

为什么电脑老师写得好呢?因为它做到了——斜中求稳、左右均衡、不失重心。(出示课件)

3. 刚刚同学们都觉得电脑老师写的字漂亮,那么现在我们再请电脑老师来写一写"广"和"方"。(出示)在写这两个字时要注意些什么呢?(点在竖中线上)

4. 学生练写。(教师巡视,提醒注意姿势,表扬有进步的学生,给予鼓励)

5. 现在,请同学们对照三个要求进行自评。哪三个要求同学们还记得吗?(再出示:斜中求稳,左右均衡,不失重心)看来现在同学们都已经牢牢记住了写好偏斜结构独体字的要点了。

给自己评五颗星的同学请举手?第一次写就能写得这么出色,老师要表扬你们。有没有同学得了三颗星或者三颗星以下的呢?我们给自己鼓鼓掌,给自己一点信心,下次继续努力。

四、小结

1. 今天我们一起学习了写好取中结构的独体字和偏斜结构的独体字的要领。老师这里还有几个独体字,课后请同学们自己去练一练,看看自己有没有进步。

2. 通过这节课的学习,同学们一定发现了要写好这些独体字一点也不难,关键是要善于观察。在写字时做到细心、专心,相信一定会越写越好。最后,老师送给大家一句话,我们一起来记在心中:端端正正写字,堂堂正正做人。

(获江苏省教育学会书法硬笔赛课一等奖)

日记活动课教案及分析

教学目标

1. 学生交流再现前一阶段日记活动画面。培养学生灵活的思维，展现学生观察生活、记录生活的情景，激发记日记的兴趣。

2. 让学生用自己的视角，与生活对话，在老师的指导下学习评价日记，提高语文表达能力，感受成长过程中的酸甜苦辣。

3. 通过活动形成学生自主合作、互相学习交流的良好循环，培养爱美的情境，发展健康的个性，养成良好的意志品质。

教学重难点

让学生有充分的心理自由，大胆展示自我，敞开心扉，不断地增强成就感，并给予及时有益的反馈，使学生达到自我教育、陶冶情操、塑造个性的目的。

课前准备

1. 同学们带好自己想交流的前一阶段的日记。
2. 多媒体制作前一阶段学生进行日记的情况。（实物投影）
3. 旅游节开幕式中有关游船的片段。（录像）

教学过程

● 每周的"有话大家说"日记交流活动又和大家见面了。

1. 开始我们写日记觉得无话可说。在一年多的循环日记记录过程中，同学们观察生活、用心体会生活、用笔来交流我们的生活，大家感觉到写日记的素材很多，于是有了许多的收获。老师做了个有心人，把同学们怎么收集素材的画面记录了下来，看到自己了吗？他们在干什么？我们有话要说了。

2. 多媒体画面展示：

画面一：同学们在观察植物，写观察日记。

画面二：同学们在访问校长，关注校园热点话题，写访问日记。

画面三：同学们在图书馆阅读课外书籍，寻找素材，写读后感。

画面四：同学们在网上搜索资料，写体验日记。

画面五：学校丰富多彩的活动成了同学们日记的最佳素材。

画面六：同学们在课间互相阅读日记，写评语。

3. 在这个过程中，你一定有成功的佳作，或者想把生活中的酸甜苦辣和大家分享，那么拿起你的日记和大家交流吧。

（同学们自由地选择同伴交流自己的日记）

（1）（同学们自读）你知道她写的是什么内容吗？

（2）你们认真阅读后有什么收获吗？

看来，无论是老师记录的画面，还是同学们交流的内容，都只是我们日记中的一小部分。听了你们刚才的谈话，老师深深体会到，你们在认真观察生活、用心体验生活、真情描绘生活。

【专家评析】小学生渴望交流。老师让他们把生活中采撷来的素材，自由地选择阅读，这是激发学生动机、调动积极性的有效手段。对此教育心理学有过专门的论述。看来汤老师运用好了这一点。

● 最近，老师阅读同学每天的日记，发现许多同学都在写有关迎世遗会话题的日记。

1. 今天谁愿意来交流一下呢？你怎么会想到写这个内容的呢？这个素材怎么来的？

2. 真不错，无论听到的、看到的还是经历的都来源于生活。就像那位同学所说的，迎接世遗会的活动中，印象最深的就是观彩船活动。许多同学都在日记中写到了这个内容。王××同学观彩船的日记很有代表性，王××同学，你能把你的日记展示出来吗？给我们大家读读。（日记实物投影展示）想再看一下当时的盛况吗？（放实况转播片段）

3. 从你们的眼神中，汤老师知道你们此时很想对这篇日记发表看法。那么请你把最想说的话简明扼要地写下来，也可以准备一下，等一会儿交流。

同学们当场写评语,交流。老师在旁进行指点:

(1) 从写作技巧来评。(配合学生把有关材料放在实物投影仪上)针对这则日记提以下这些问题:① 这是一个有趣的活动,你还记得其中最有趣的情节吗?② 你觉得这个活动中还有哪些内容也可以写入日记呢?

(2) 从自己当时的感受来评。把自己的心情写入日记中,老师提以下这些问题:① 活动没开始前你的心情如何?② 彩船驶来时你的心情怎样?③ 活动结束后你有什么样的体会?同时,把作为苏州人的骄傲之情写入日记中。

(3) 从相关的话题延展来评。如为了迎接世遗会,苏州到处在进行道路的翻建,以及学校画信活动。

(4) 许多同学都交流了自己的评语,想听听老师的评语吗?

实物投影:看了你的这篇日记,弥补了老师心中的遗憾。还记得观彩船的第二天就是自学考试的日子。我一人坐在书房里温习,忍住了观看彩船活动的欲望。周一看到你的日记,让老师仿佛亲身经历了那精彩的一幕幕。谢谢你!

(握手)

【专家评析】内容贴近日常生活,让学生体验生活,讲述发生在身边的小故事。这是学生乐意做的事。学生在愉悦的情绪中形象地感知了日记材料,在生动的点评中切实地增强了炼词炼句、体验生活的能力。

● 其实,许多同学还写了大量的心情、情绪的日记,有快乐的,有忧伤的,有感恩的,有秘密的。

1. 交流自己的收获,进行汇报。

有关快乐的主题,如课间健身、健美舞的感想,回忆快乐的秋游。

有关忧伤的主题,如学习负担、压力大,害怕写不好作文等。

有关感恩的主题,如父母的关心、老师的培育。

有关秘密的主题,如同学之间的矛盾、友谊等。

2. 接下来,我建议大家在"有话大家说"现场找到你喜欢的同学、老师、专家交流和倾吐。同学们不光会写日记,还会写评语。请同学们找同伴、老师或现场的嘉宾进行互评。

3. 汇报时或请学生自己来谈,或请现场的嘉宾来评。

如学生对社会的一些初步看法的日记,请现场嘉宾苏州市教科室任苏平主任来指导。

如涉及学生心理问题的日记,请现场苏大的黄辛隐教授来评点。

如学生对写作技巧如何提高产生困惑时,请现场嘉宾儿童文学作家王一梅来评点。

4. 刚才,在同学们的交流中,我们可以体会到平凡的生活中蕴藏着丰富的内容。同学们用心感受生活,用爱描绘生活,用日记记录了成长过程中的点点滴滴,让老师感受到你们长大了,变得有思想了。相信你们在今后的写日记过程中,会有更多的收获。这一期"有话大家说"到此结束了!

在水中 触摸教育的本真

流淌着的智慧
记苏州市沧浪新城第二实验小学汤岚校长

汤岚，中学高级教师，现任苏州市沧浪新城第二实验小学校长。

自1989年从教以来，从一名普通教师慢慢成长为业务骨干，再到走上管理岗位，汤校长一直虔诚而执着地站在教学的第一线，孜孜以求，创设了以语言的熏陶、情感的融合、生活的迁移为主的"三线并进"式小学语文课堂教学法；提出教孩子一生有用的，第一要义是学习情感，第二要义是基础知识和基本技能，第三要义是自学方法和自学能力。这些教育思想熏染了无数学子，也带动了许多青年教师的成长。课余，汤校长沉迷书海，笔耕不辍，撰写的数十篇教育教学论文在国家、省、市级期刊发表，影响深远。

"陪着孩子们一起成长的我比较幸运"

汤岚校长总说自己就是一名普通的老师。听别人叫她"汤老师"，她总是乐呵呵地应着，似乎有说不尽的满足。

有位名师曾说:"语文教学的过程,是学生精神享受的过程,是为学生的精神生命铺垫底子的过程。"语文教学,不仅要立足于课堂,还要立足于孩子的发展,让孩子在课堂上轻松地学、快乐地学、主动地学。而这一切在汤校长看来,需要语言的熏陶、情感的融合、生活的迁移"三线并进"方能实现。

她的课堂是诗意的。她对于教学大纲的准确把握,对于文本的细致研读,对于分析切入的巧妙捕捉,对于人文内涵的独到内化,都通过她的语言得以彰显。在她的课堂上,你听到的是散文诗般优美的语言和朗诵般跌宕起伏的语调;看到的是精心雕琢的简洁凝练的板书设计。她是春雨,润物无声。孩子们在这样的氛围里感受着、变化着。孩子们浅拙的表达发展成连贯的阐述时,微笑慢慢地浮上了她的脸颊;孩子们稚嫩的笔触发展成老练的描绘时,她的眼中充满了惊喜和感动。或许这就是潜移默化的力量吧。语言,投射出了课堂教学之美。

她的课堂是温热的。文章不是无情物,所谓"缀文者情动而辞发,观文者披文以入情",汤校长将情感的融合视作课堂的生命之线。在教学过程中,她总是充分调动学生的情感共鸣,使其和教师、和教材、和同学展开平等的对话。打动自己,方能打动他人。汤校长在课堂上总是最先入境的。她徜徉在隽永的字里行间,浸润在丰实的至情大爱中,激愤于悲壮的危难时刻……她的范读,是课文的另一种呈现;她的叙述,是情境的一种延伸;她的质疑,是思维的高度凝结。跟随着她的脚步,学生们收获了心与心的交流、情与情的融合。情感,成了她的课堂教学之魂。

她的课堂是鲜活的。汤校长时刻牢记着"从生活中来,到生活中去"的宗旨,努力寻求课堂和生活的交界点,给孩子们创设一个宽松的环境、一方自由的天地,使其能够轻松而有效地学习语文。在课堂上,她善于联系生活,利用学生的已有经验进行迁移学习;在课堂之外,她更是创设一切条件让学生将所学所知应用于生活,在生活中发现语文,在生活中学习语文。培养良好的学习习惯,激发饱满的学习热情,掌握有效的学习方法,在她看来,是让孩子们受益一生的法宝。生活,是激活课堂教学之水。

但每当别人赞扬她的"三线并进"式教学法时,她却说:"不,是陪着孩子们一起成长的我比较幸运!"

"每一个点滴都值得记取"

汤岚校长信奉的教育理念是:"一小点,一大点;一点点,无数点。"对于每一个孩子乃至教师来说,哪怕每天只进步"一小点",也就能构筑成明天的"一大点",所以每一个点都是意义非凡的。或许他们只是群体中的"一小点""一点点",但拥抱着集体,就成就了"一大点""无数点",这"一小点""一点点"也便有了真正不息的生命。因此,她主张并且引领每一位教师善于去观察和捕捉孩子们身上的闪光点,用包容之心去看待他们暂时的落后;她强调集体的凝聚,无论是孩子还是教师,都应该学会融入,学会在集体中实现自己的价值。

在她的心里,不仅有学生,还有教师。在她看来,唯有教师发展了,学生才有可能得到发展,学校也才有长远的未来可言。她给每一位教师提供各种学习的机会,创造成长的平台,激励他们饱含热情地去经营自己的事业,做有尊严的教师;她会找来知名教育家的教育教学建议和教师们分享,只为让年轻教师少走弯路,尽快成长起来;她请来各行精英,现身说法,指导教师们做好职业规划,普及健康知识,进行心理舒压。她和教师们一同生活在如水般的校园,相互关心,慢慢浸润。这是像水一样纯粹的生活。

让孩子如水般柔和、细腻,似水样灵动、包容而又至纯至净,是她追求的目标。尊重天性,还原生活,让每个孩子在学校快乐地学习,更要健康地生活。正是有了这样的理念,才有了丰富多彩的校本课程:书法、围棋、剪纸、十字绣、舞蹈、法语、美术、篮球、陶艺、羽毛球、智力游戏、机器人……多达几十种的项目,满足了不同性格孩子的需要。"飞"出去的不只是人,还有一个个小小的梦想。充满童趣、布置温馨的心理咨询室,给了孩子一个私密的空间;楼梯下的沙包袋,让孩子的合理宣泄多了一种途径。校园一隅的种植园里,孩子们亲手种下了树苗,而陪伴他们成长的将不只是小树,还有那植入希望的美妙感觉。各种精彩纷呈的活动,都在孩子的成长轨迹中留下了点点印记。为孩子提供最多的可能,让二小学子成就最好的自己,这是所有二小人的追求。

正如汤校长所说的:"每一个点滴都值得记取,因为是它们成就了汪洋的浩淼。"

"做一泓清泉,有德有志"

汤校长说:"做人就要做那一泓清泉,有德有志,无畏无惧。"

沧浪新城二小自开办以来吸引了众多关注的目光,也得到了众多的肯定,许多大型活动的承办地都选在了这里。这对学校来说是机遇,更是挑战。汤校长淡定从容地一一接受了,有条不紊地布置工作,加班加点地现场办公。在一次次的"检验"中,人们一次次对二小投去惊异的目光。

伴随着学校的成长,每一年,二小都会注入"新鲜血液",无论是教师数量还是学生数量都在激增。这些鲜活的生命给学校带来了更多的欢笑和活力,却也提出了更高的要求:怎样使新加入的教师尽快地融入?怎样才能提升教师专业素养和职业能力?怎样做学校才能走出自己的特色发展之路?

一系列的问题摆在汤校长面前,然而,在她的脸上,你似乎永远看不到慌乱,有的只是带着浅浅笑意的自若和淡然。她深知,只有立足前瞻的视野、精心规范的管理,才能推动学校长远地发展,于是,"五师工程""'60后''70后''80后''90后'教师素养提升系列""主题式校本研修体系""杜拉拉式管理模式""做相互取暖的刺猬""晒晒我的独门武功""我是闪亮的小水滴""你是我眼中最美的风景"等一系列举措应运而生。所有师生成了受益人,许多青年教师迅速成长起来,学校也在各类检查、评比和活动中得到了更多的认可和赞誉。"善治"管理文化、"善仁"教师文化、"善能"学生文化、"善渊"课程文化也在这一路的实践中慢慢沉淀下来,成为学校长效管理的四条路径。

在走过的教育生涯中,鲜花、掌声、荣誉总是与付出相生相伴。"苏州市优秀教育工作者""苏州市名教师""苏州市中小学学科带头人""江苏省课改先进个人""江苏省五一劳动奖章""苏州市劳动模范"……这些荣誉并未让汤校长忘记前行的目标,就像她常说的那样:"有梦想,谁都了不起。"她怀着一个小小的梦——做好自己、办好学校,带领所有的同伴一步步执着地往前走。无论前路是高是低,或方或长,他们都要"奔流不息",做那"一泓清泉"。

上善若水。"水"只是一种载体,"善"方为其核心价值。水因其流淌而生生不息,善以其传承而成就博大。汤校长正以她的"善"感染着身边的每一个人,构筑起一个"流淌"的世界。